Jumbo Libro da colorare
Principessa e fiabe

Coloring Pages for Kids

Coloring Pages for Kids
An imprint of Ciparum LLC

Jumbo Libro da colorare principessa e fiabe
© 2017 Ciparum LLC
All rights reserved.
ISBN-10:1-63589-523-5
ISBN-13:978-1-63589-523-0

Coloring Pages for Kids

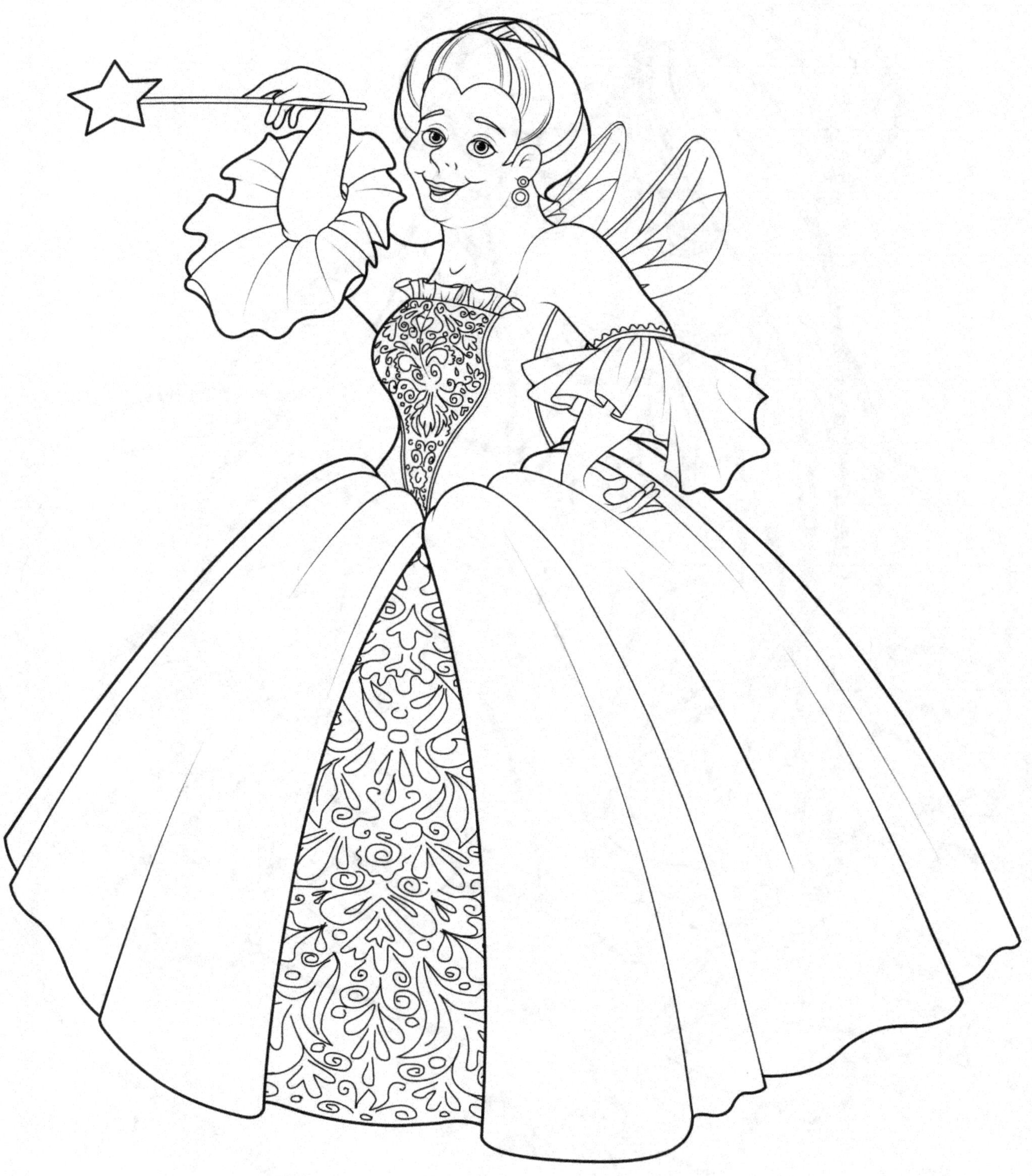

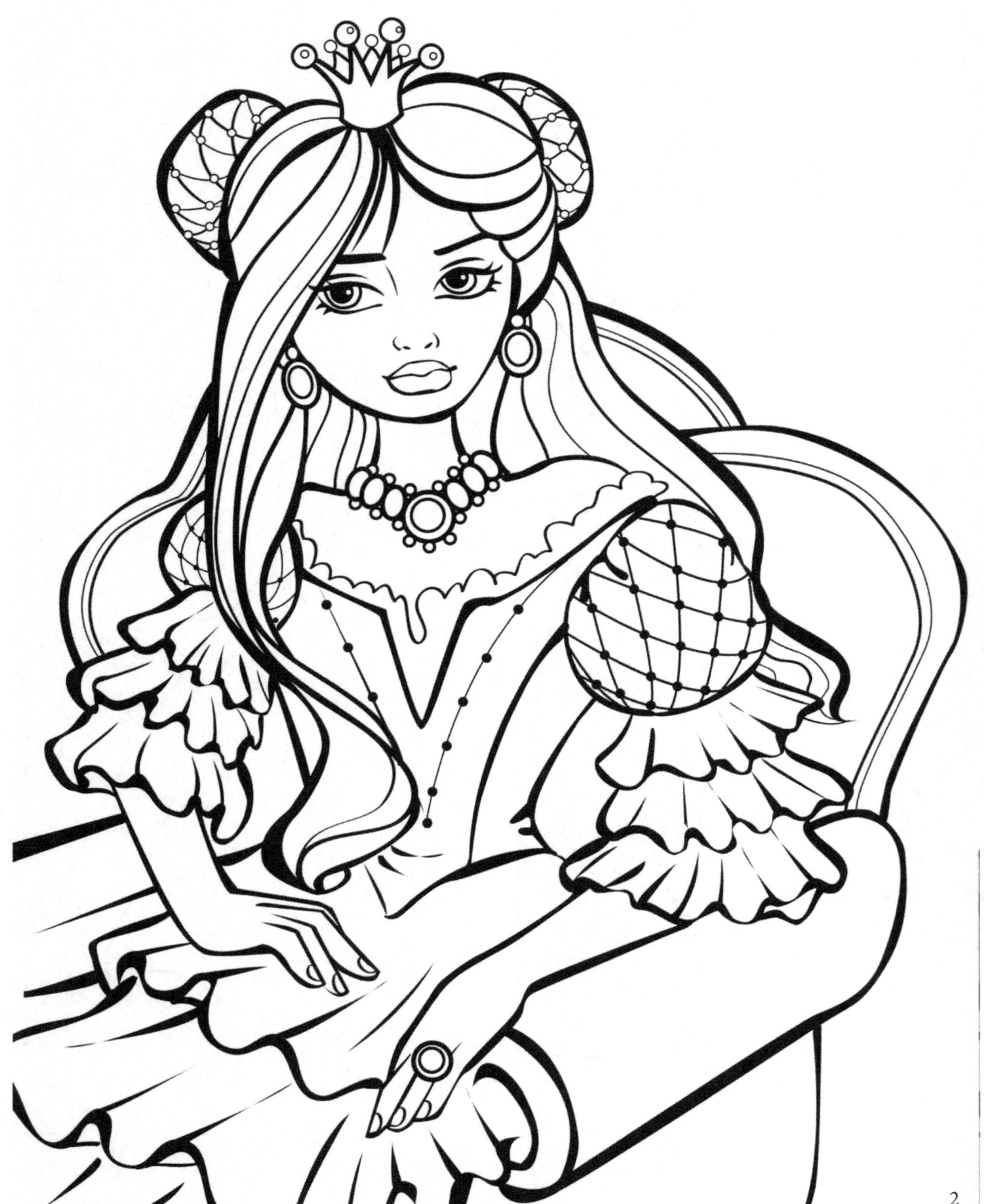

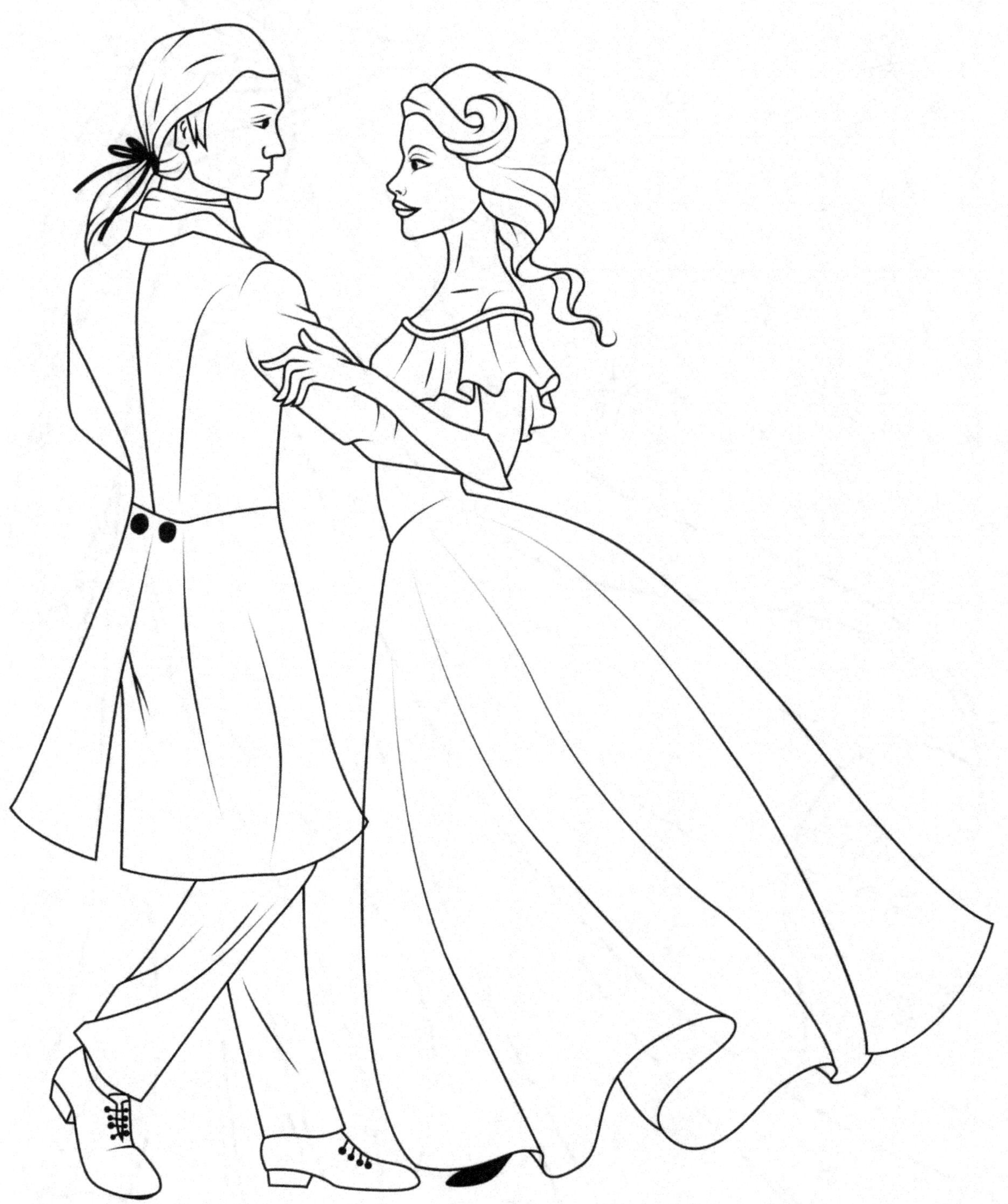

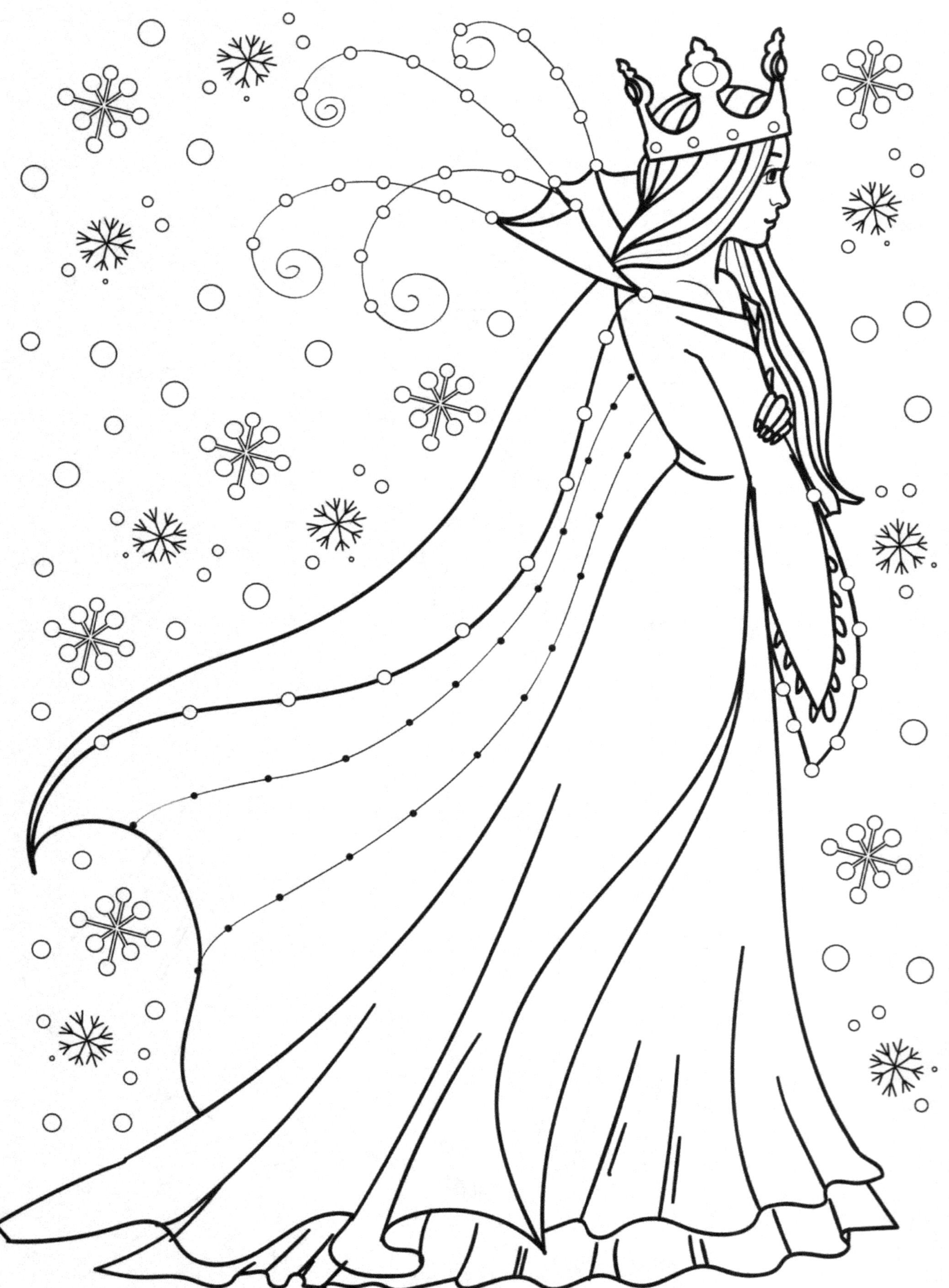

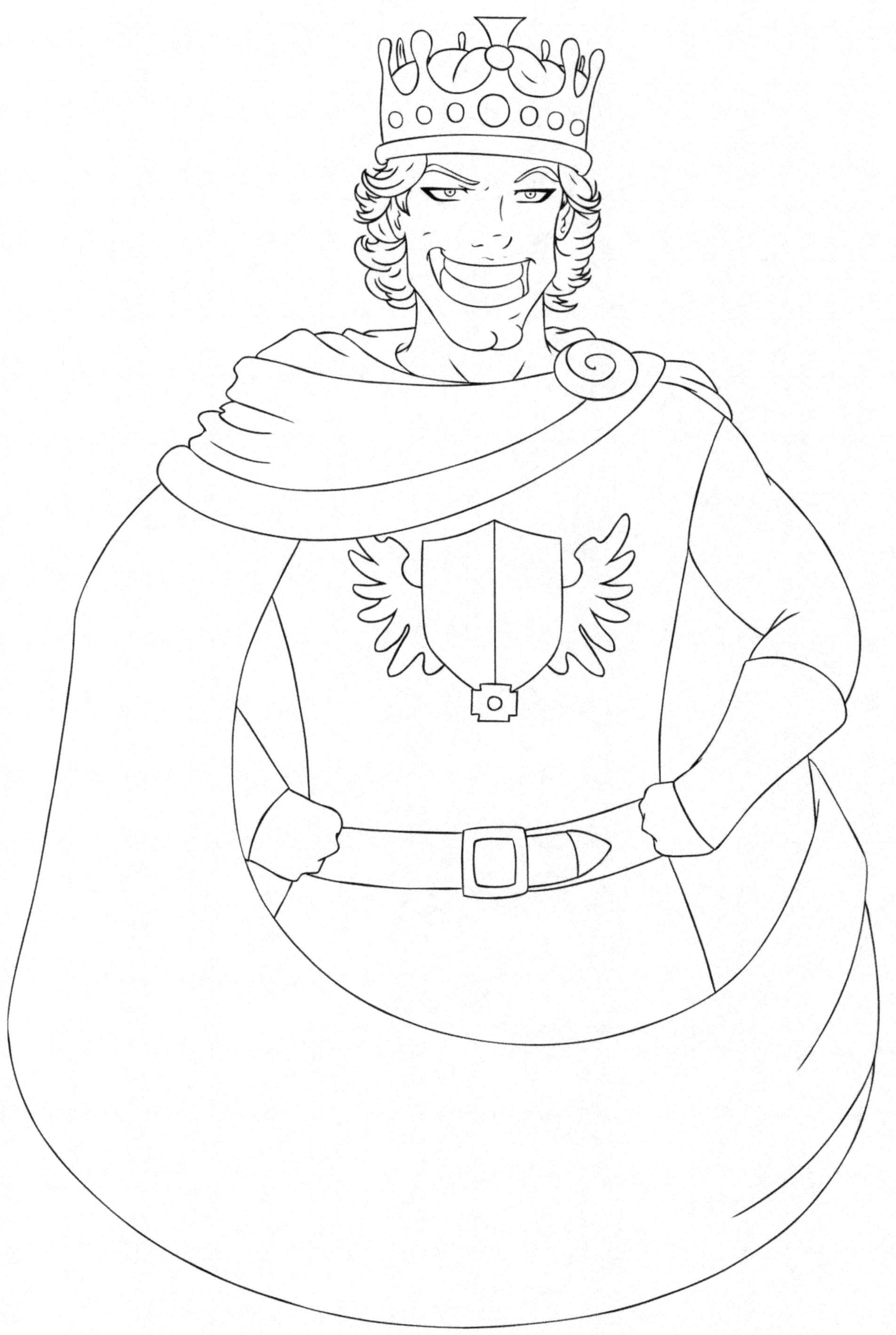

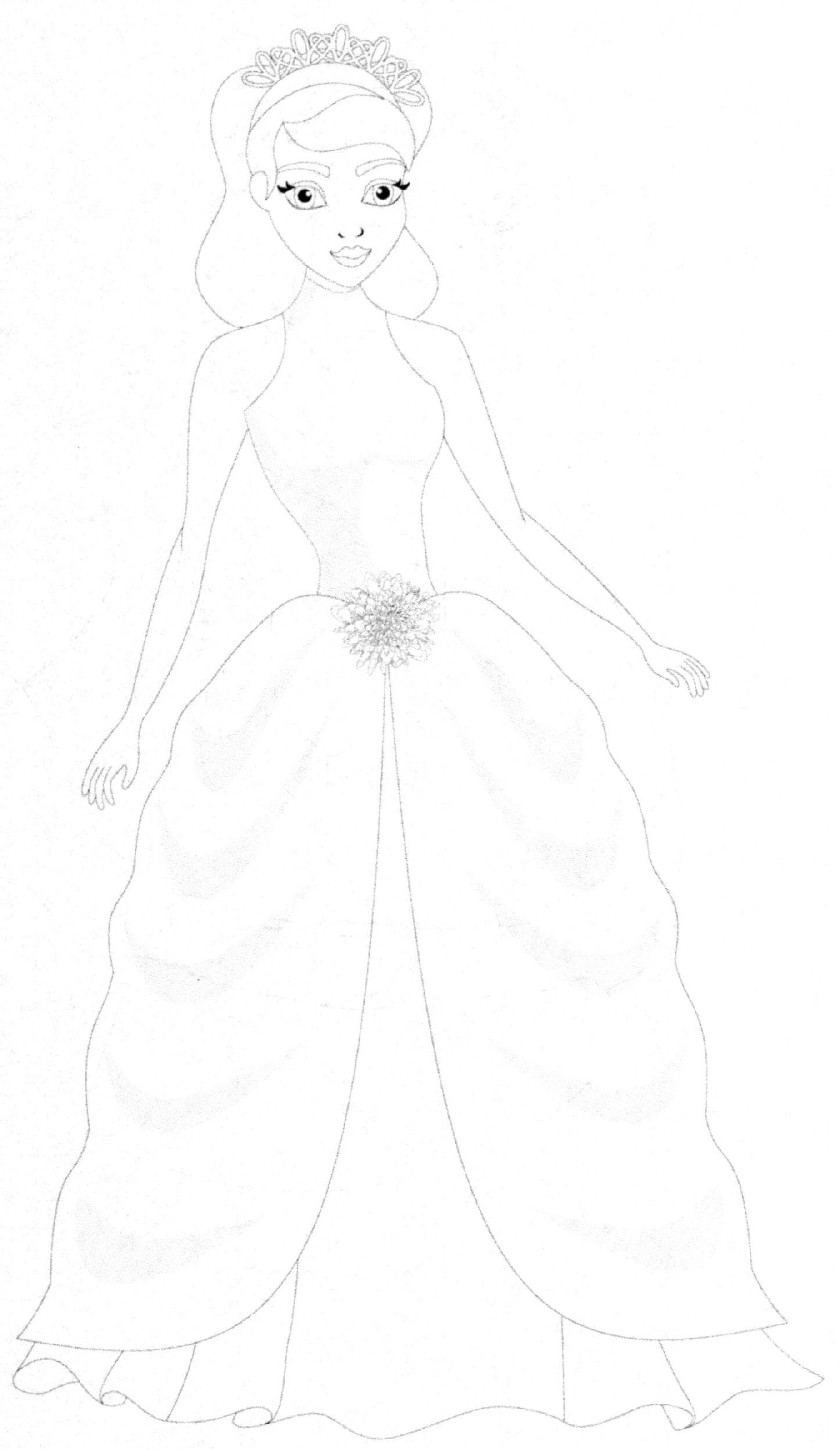

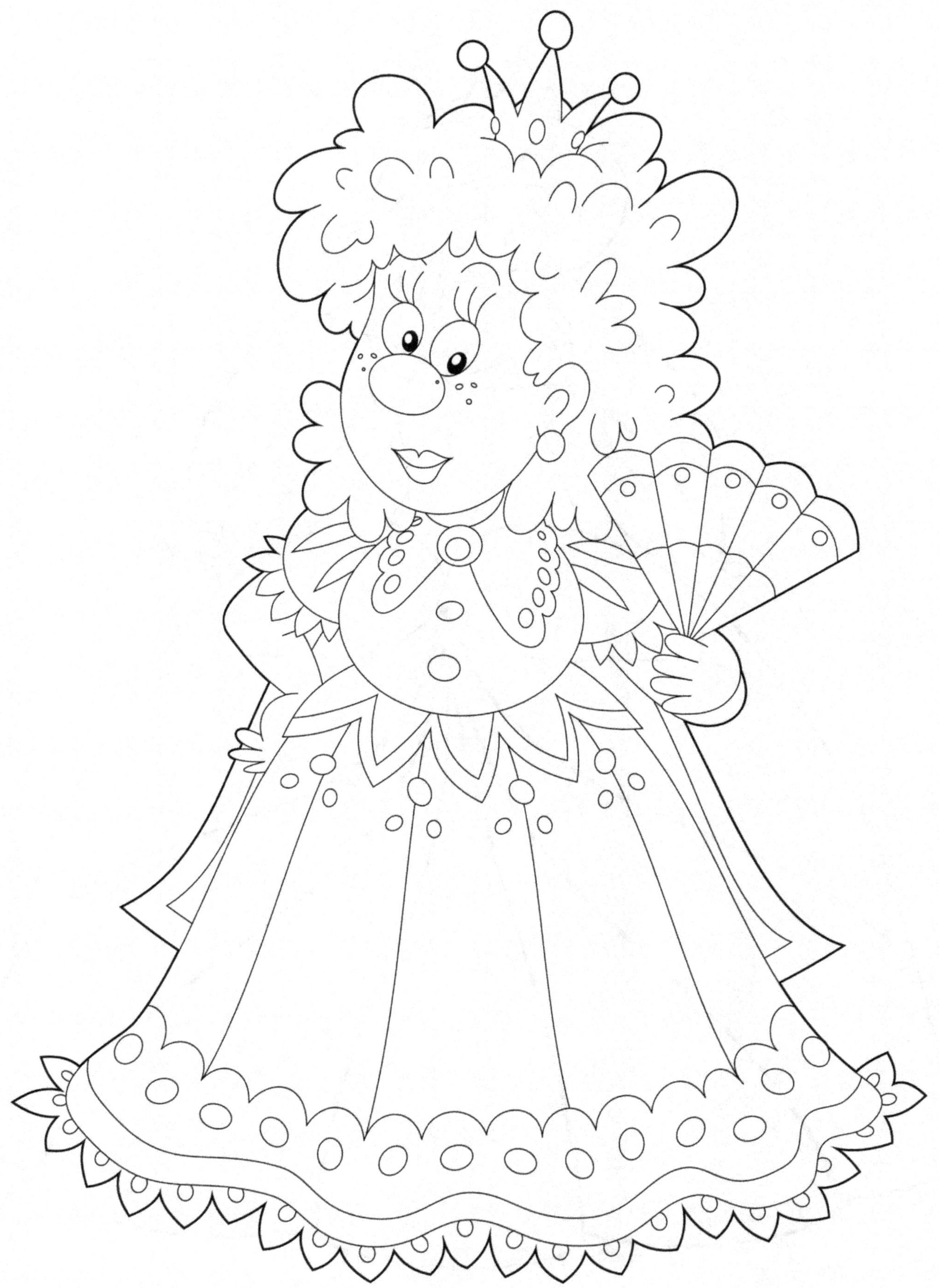

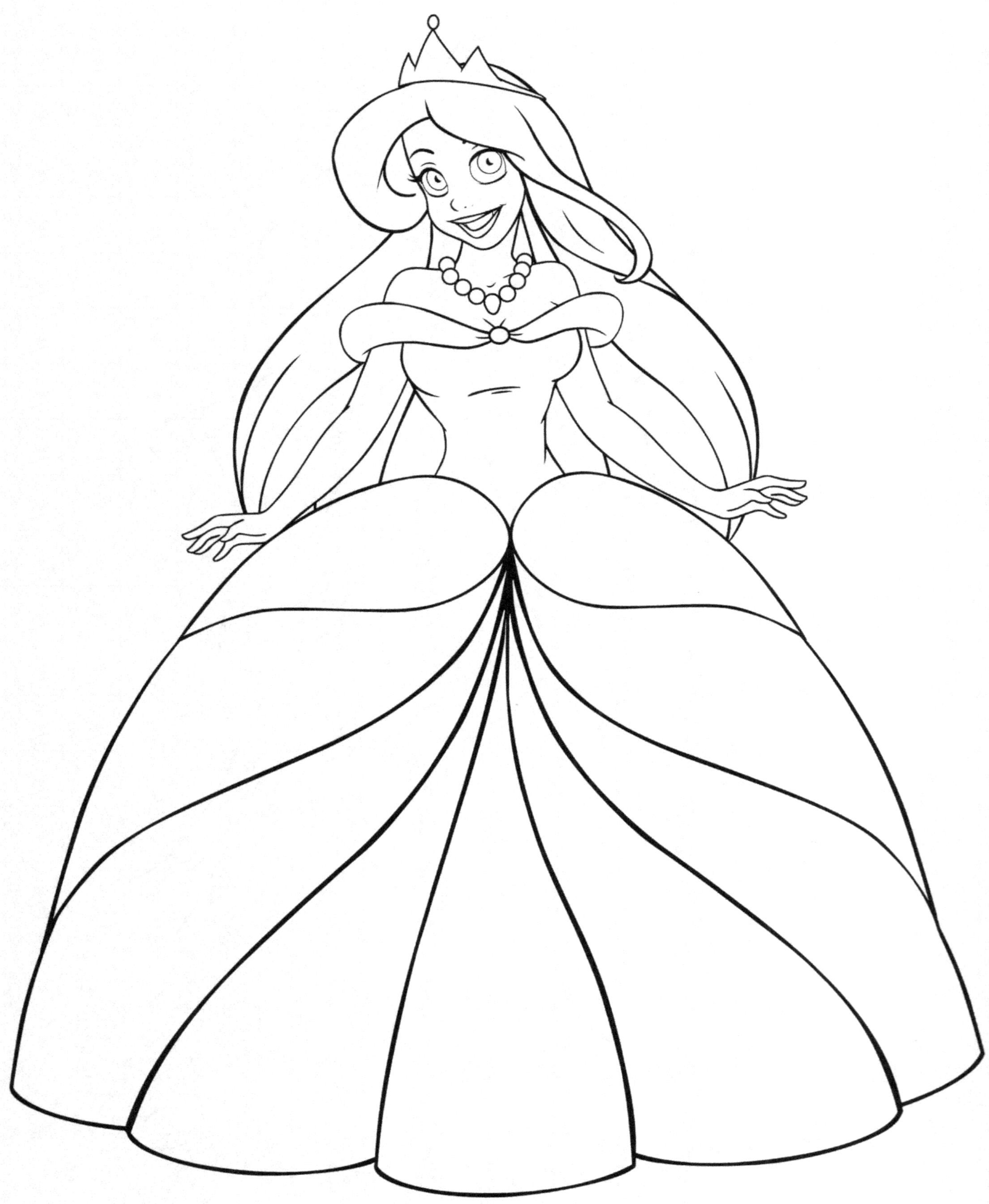

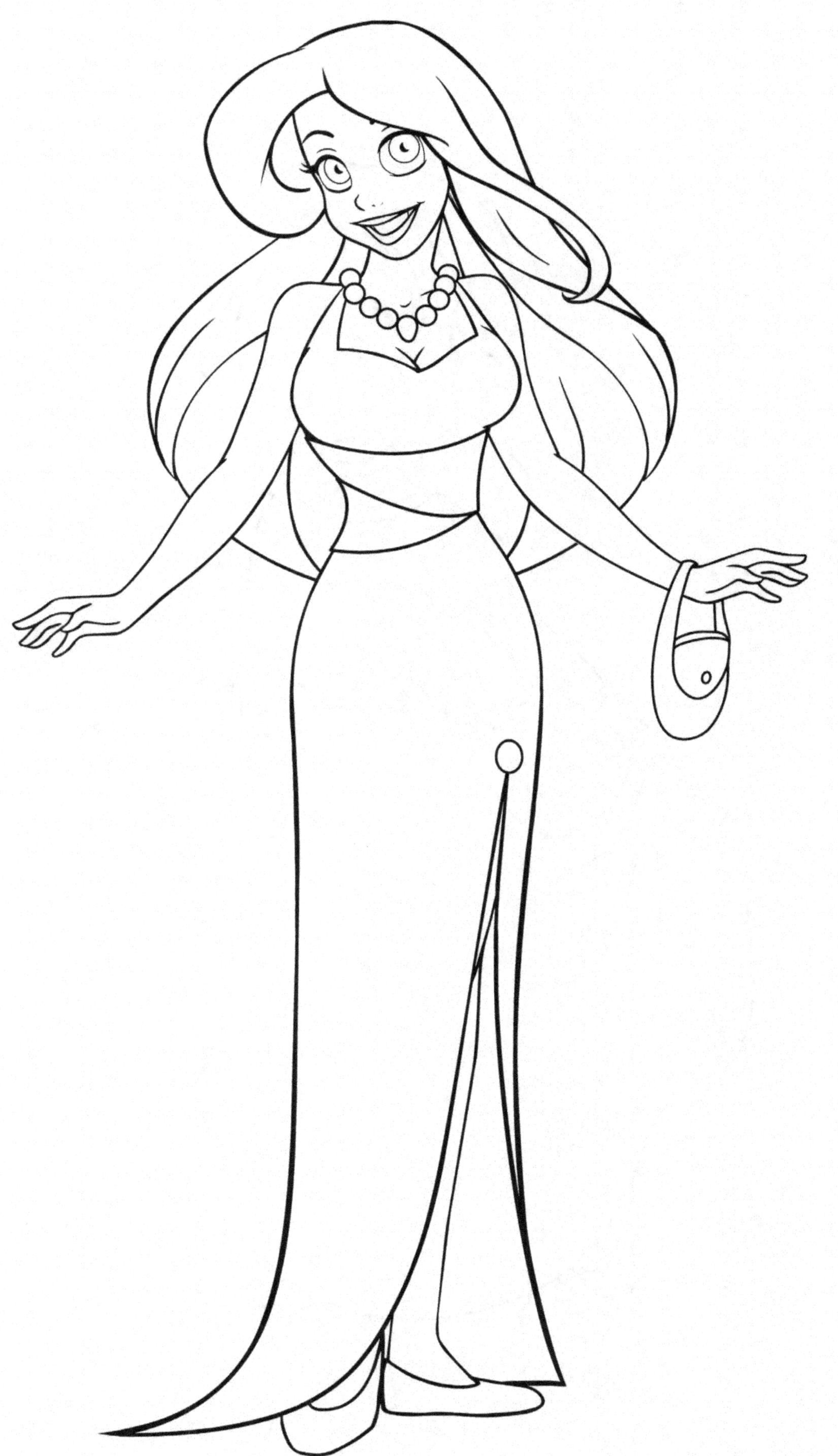

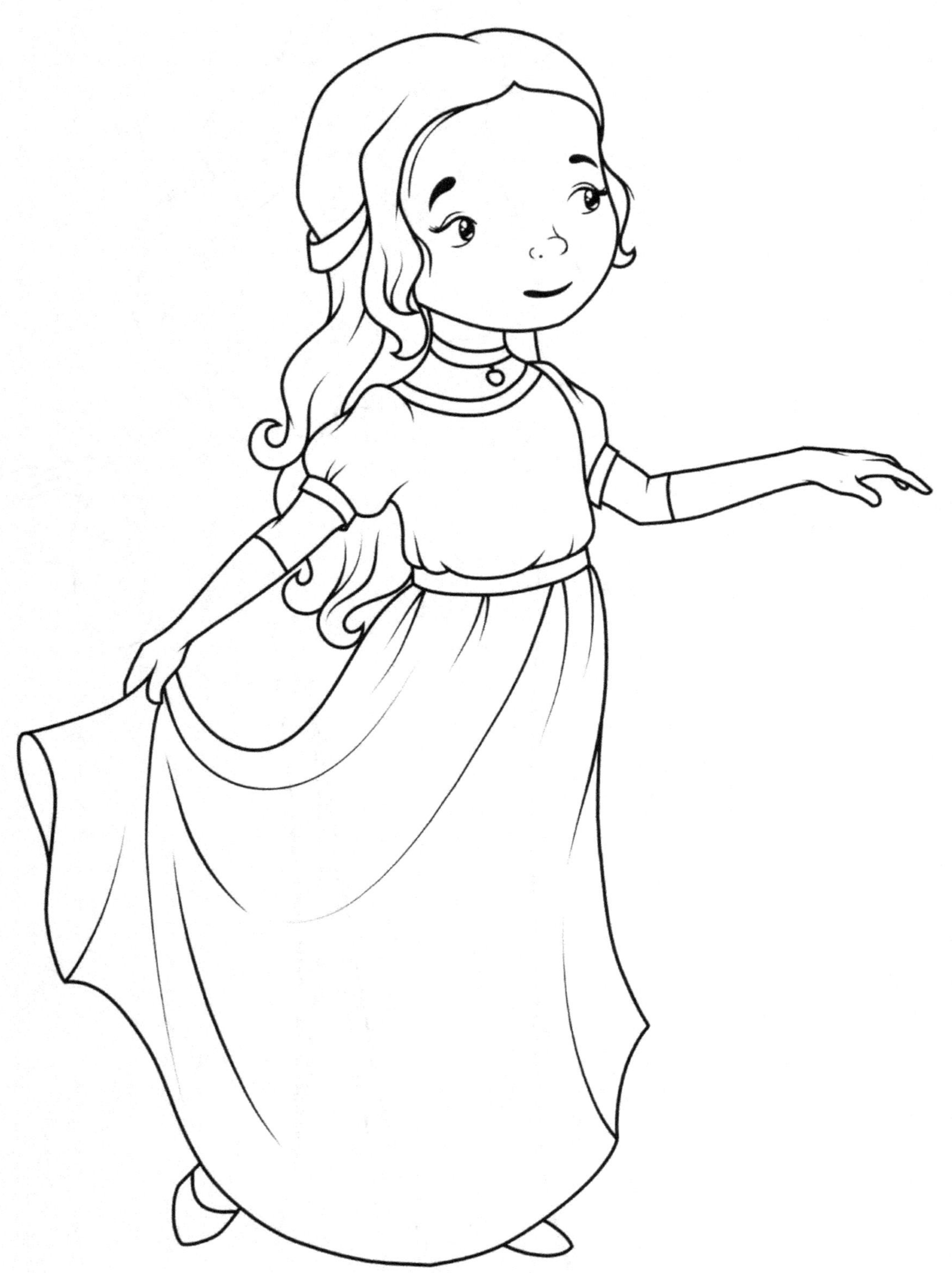

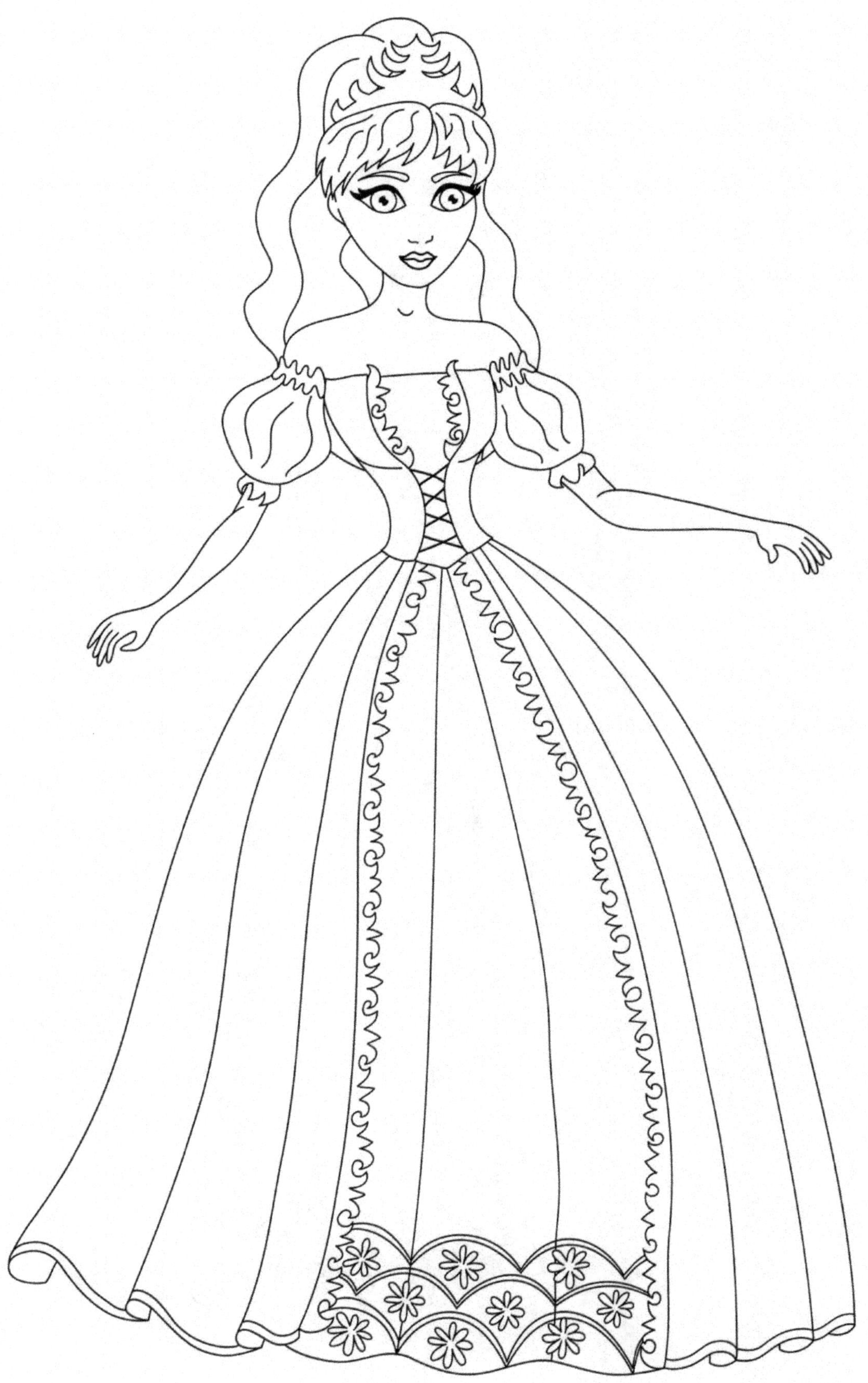

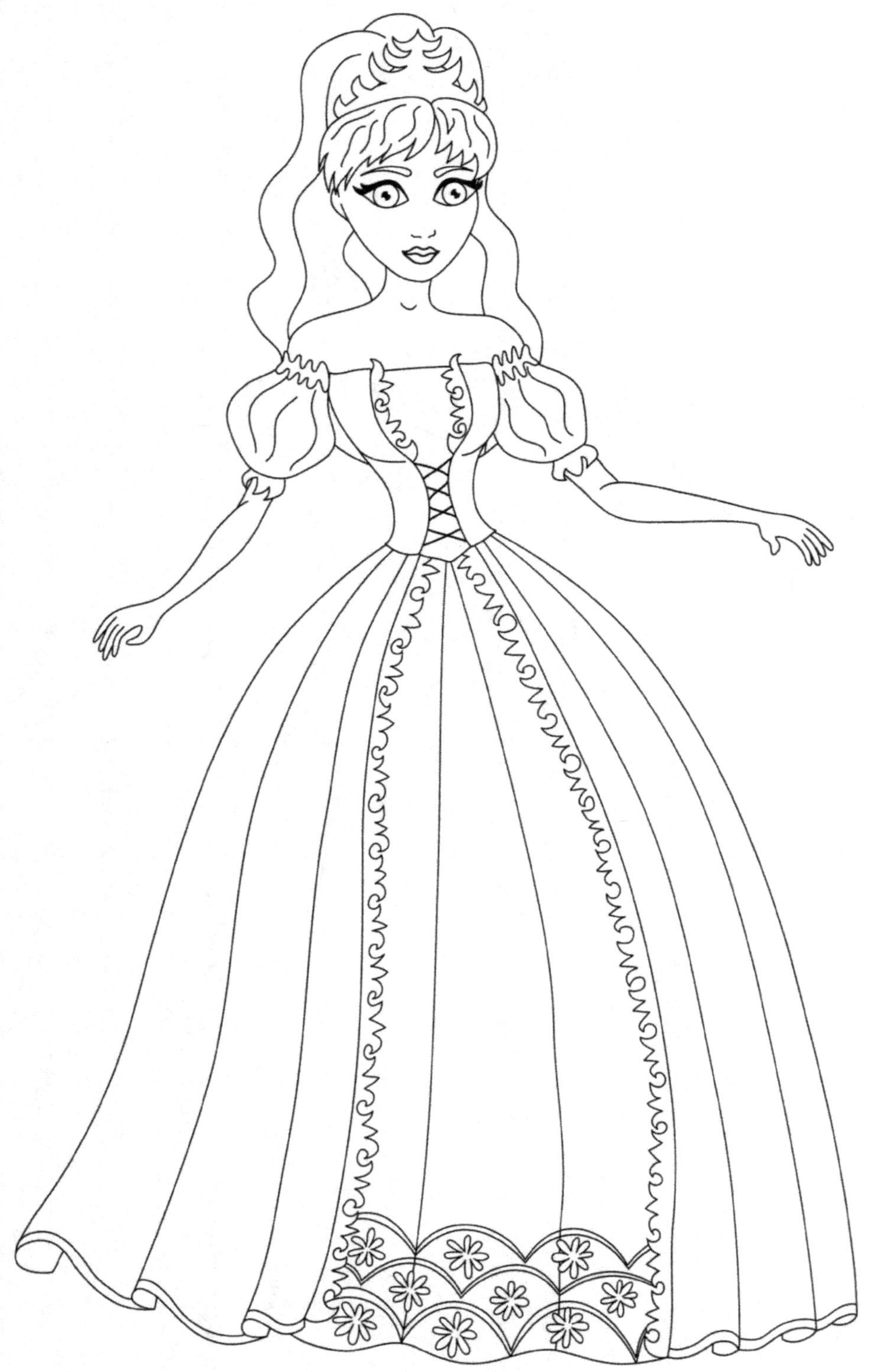

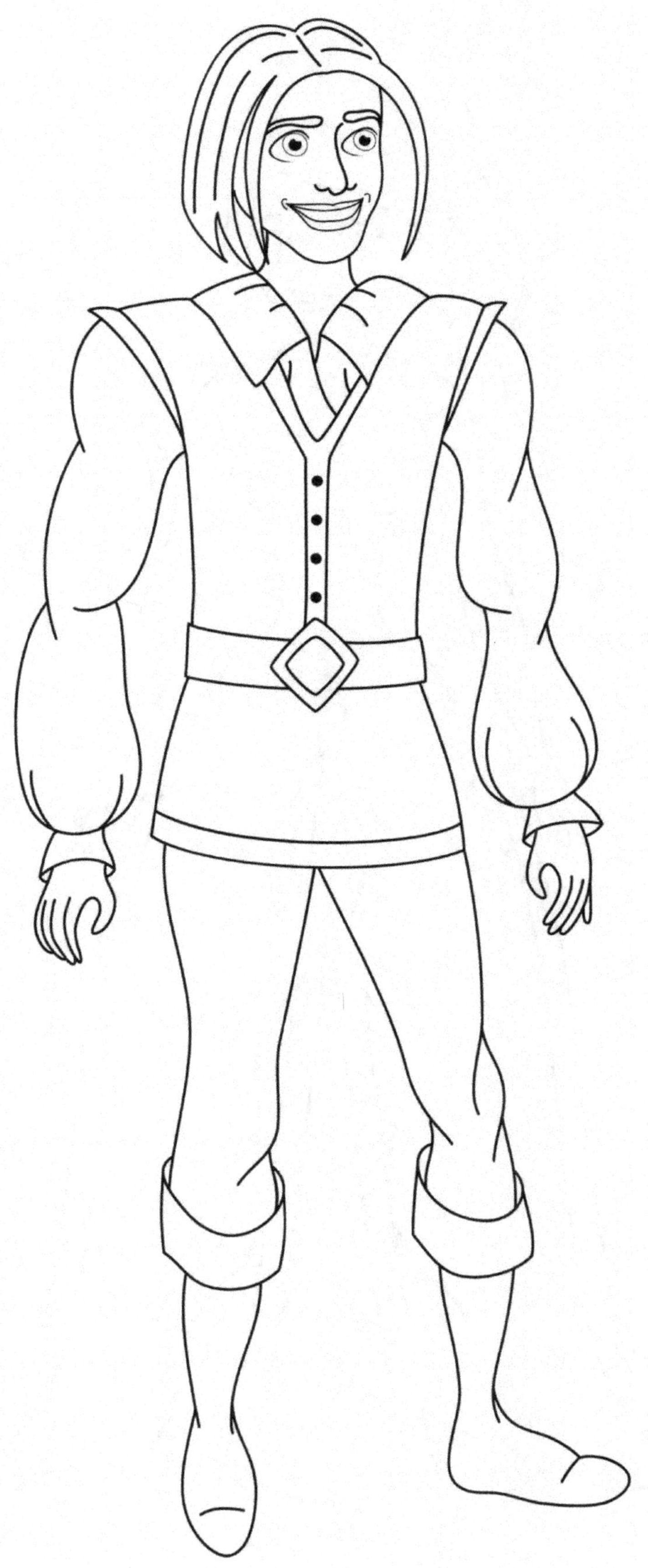

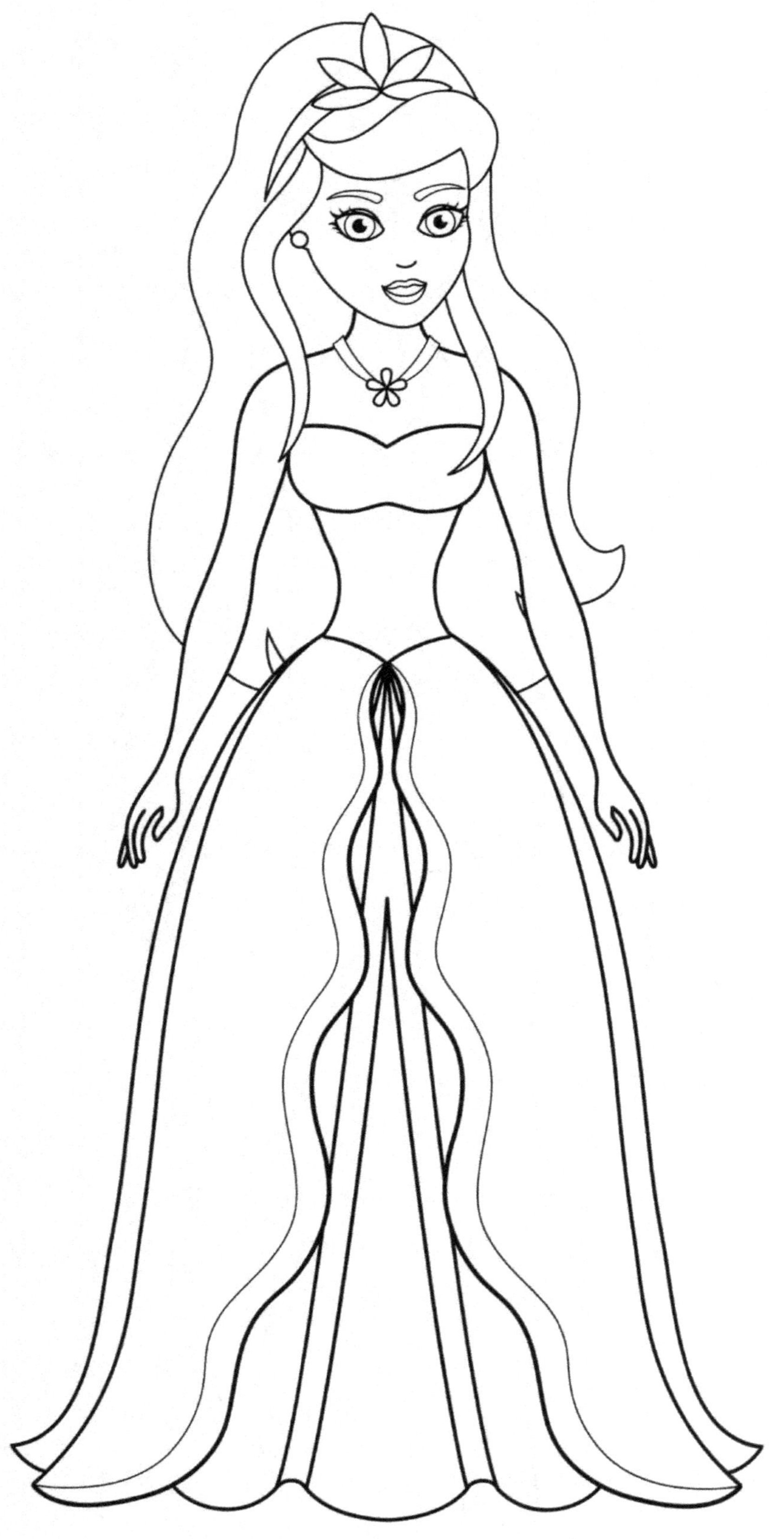

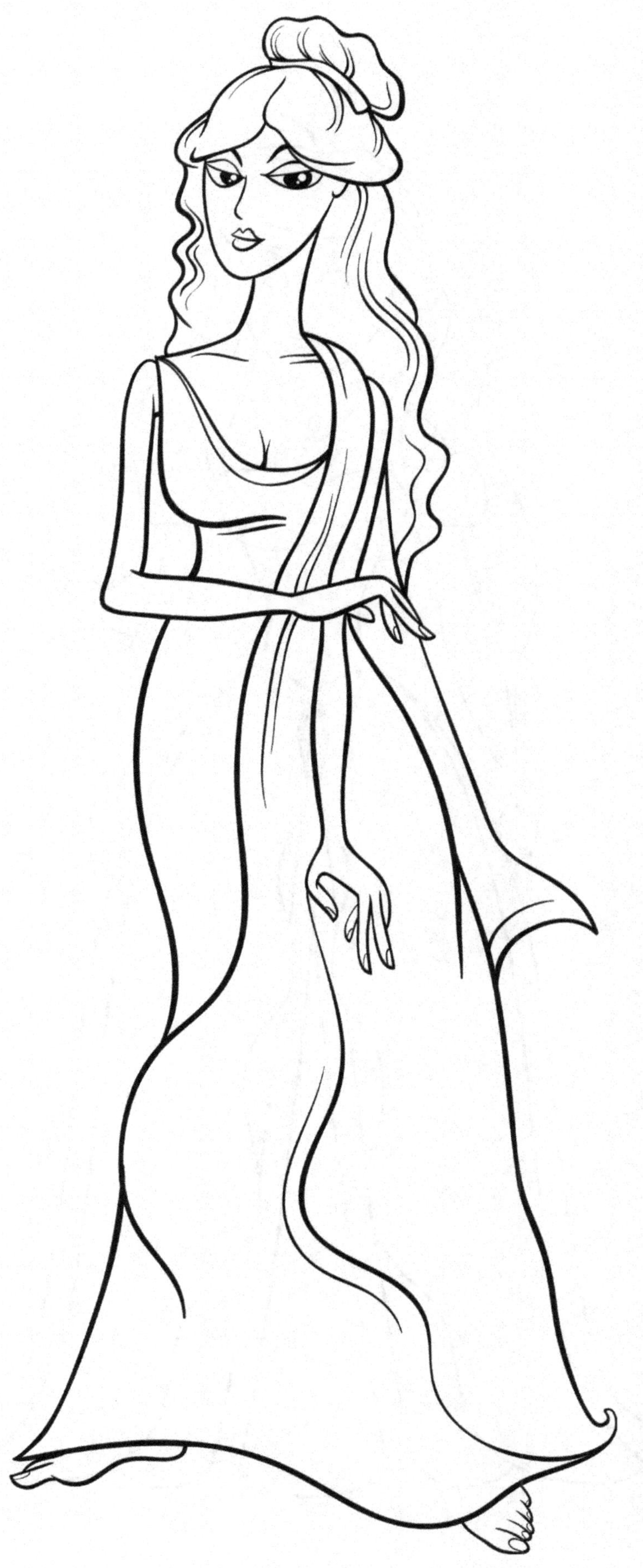

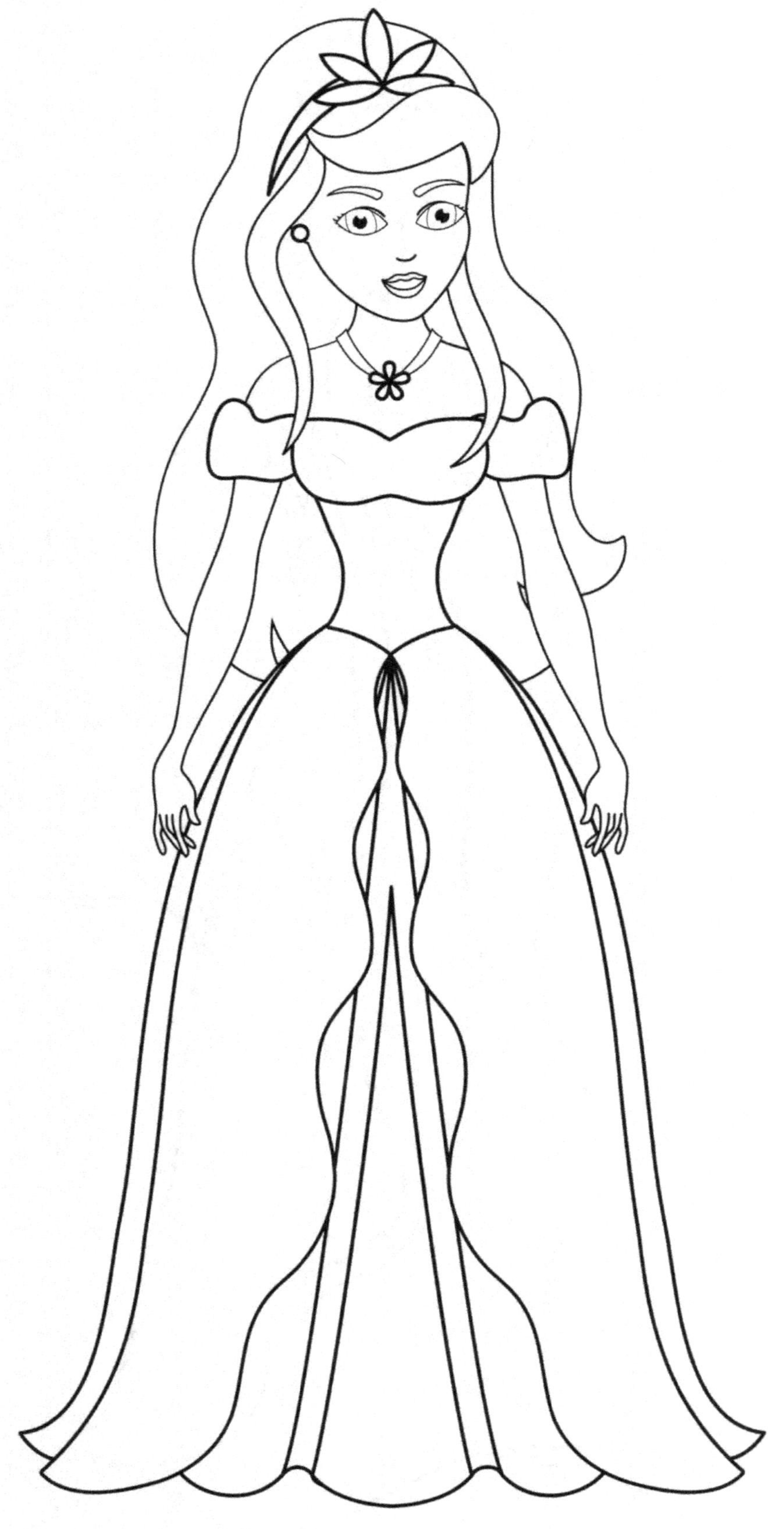

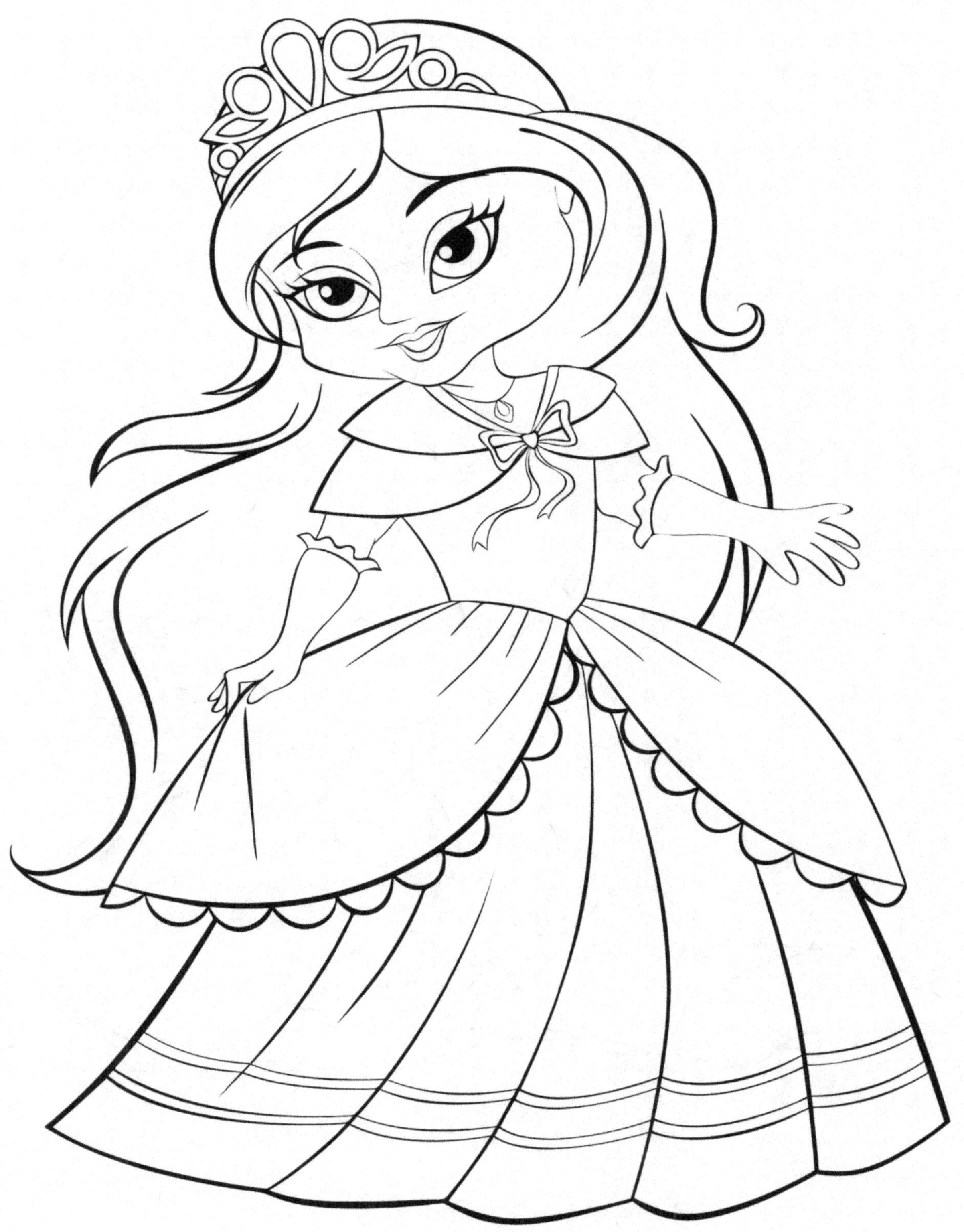

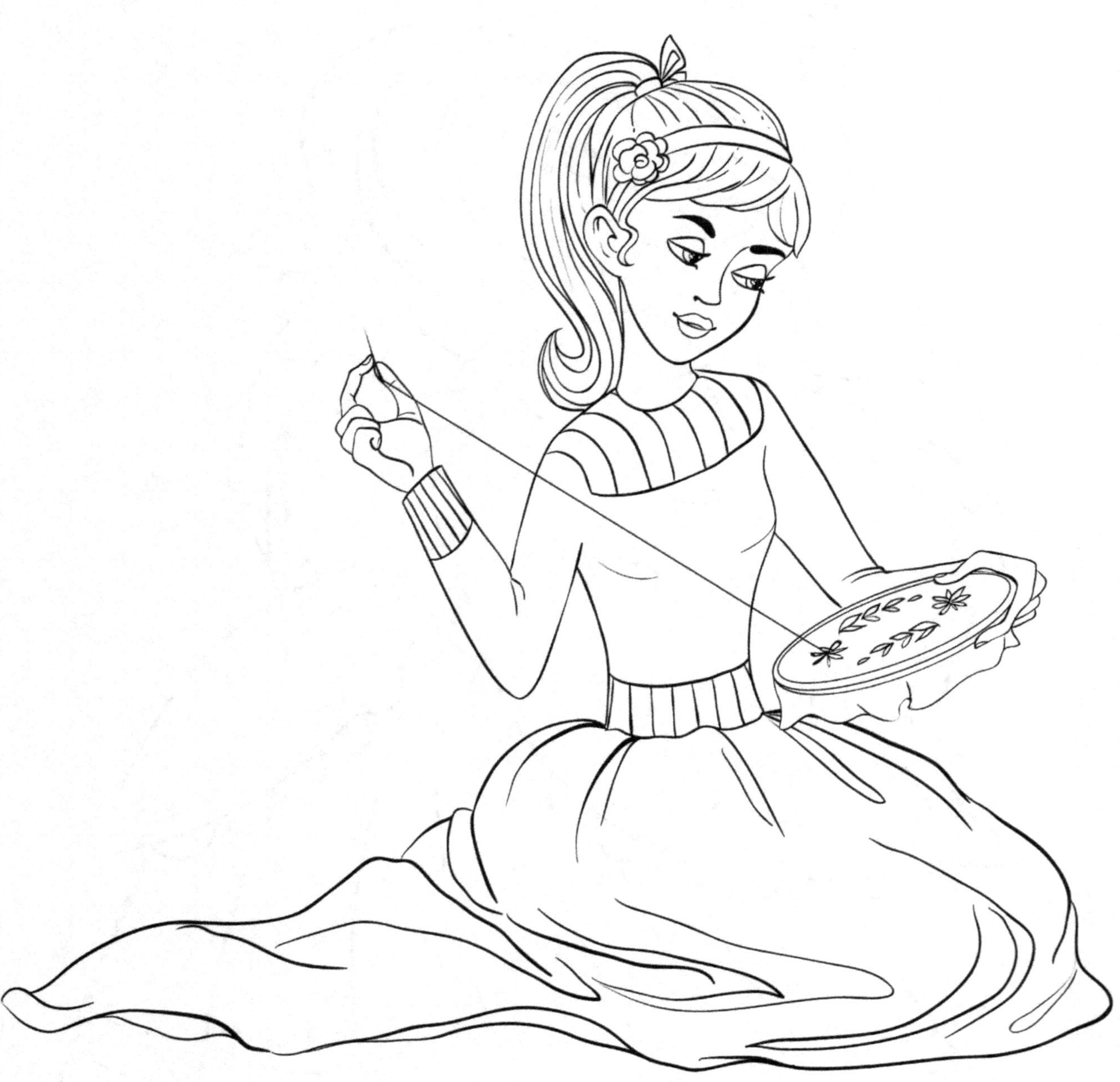

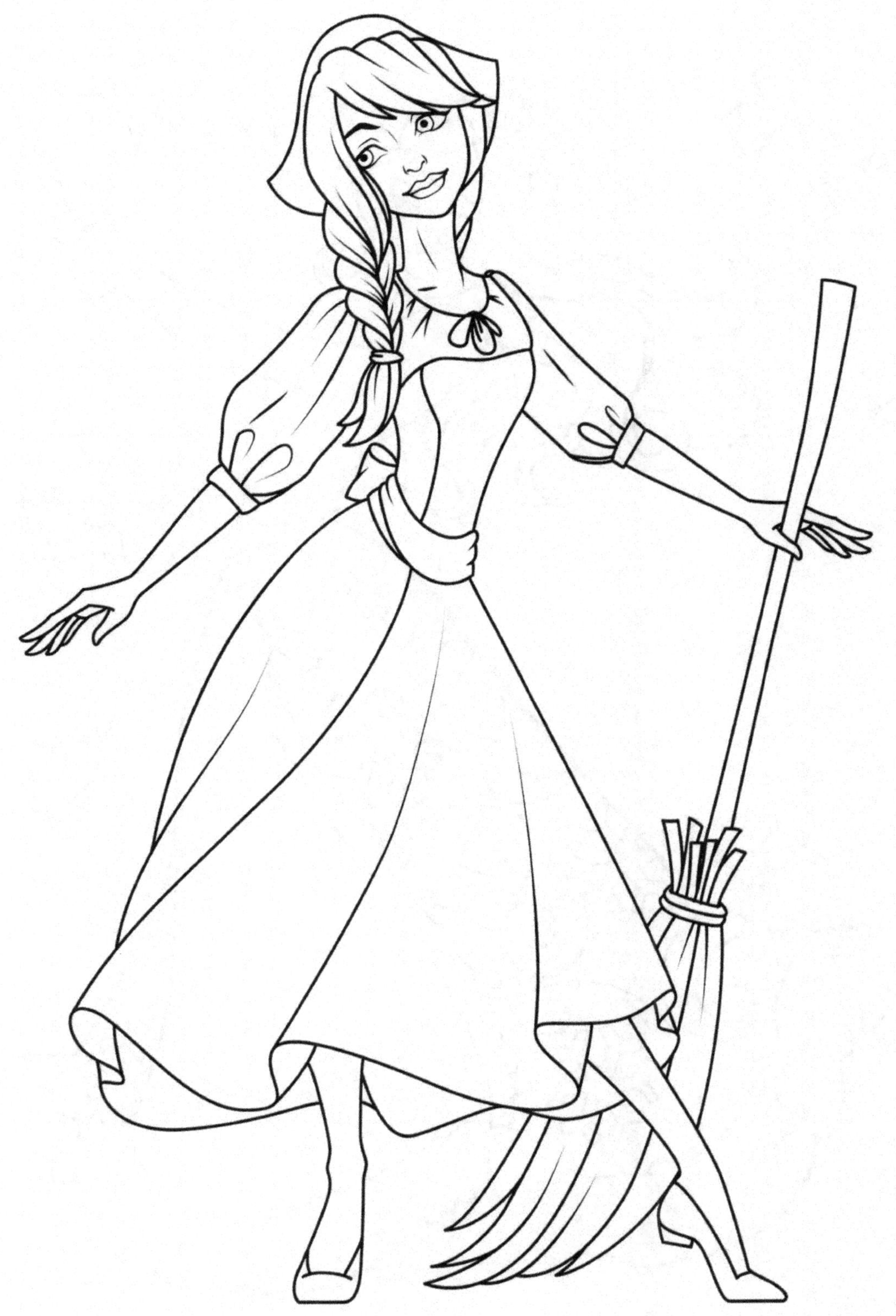

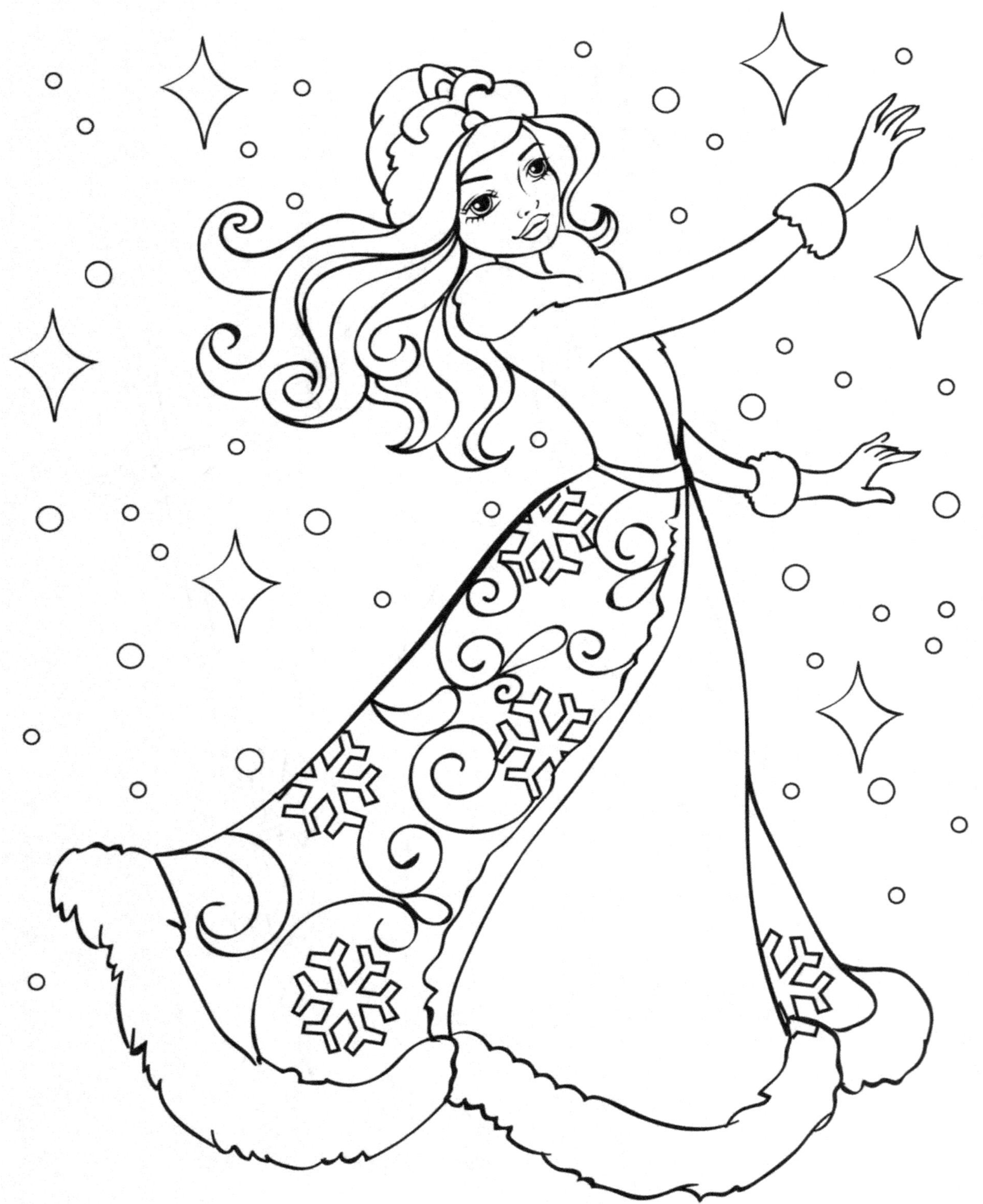

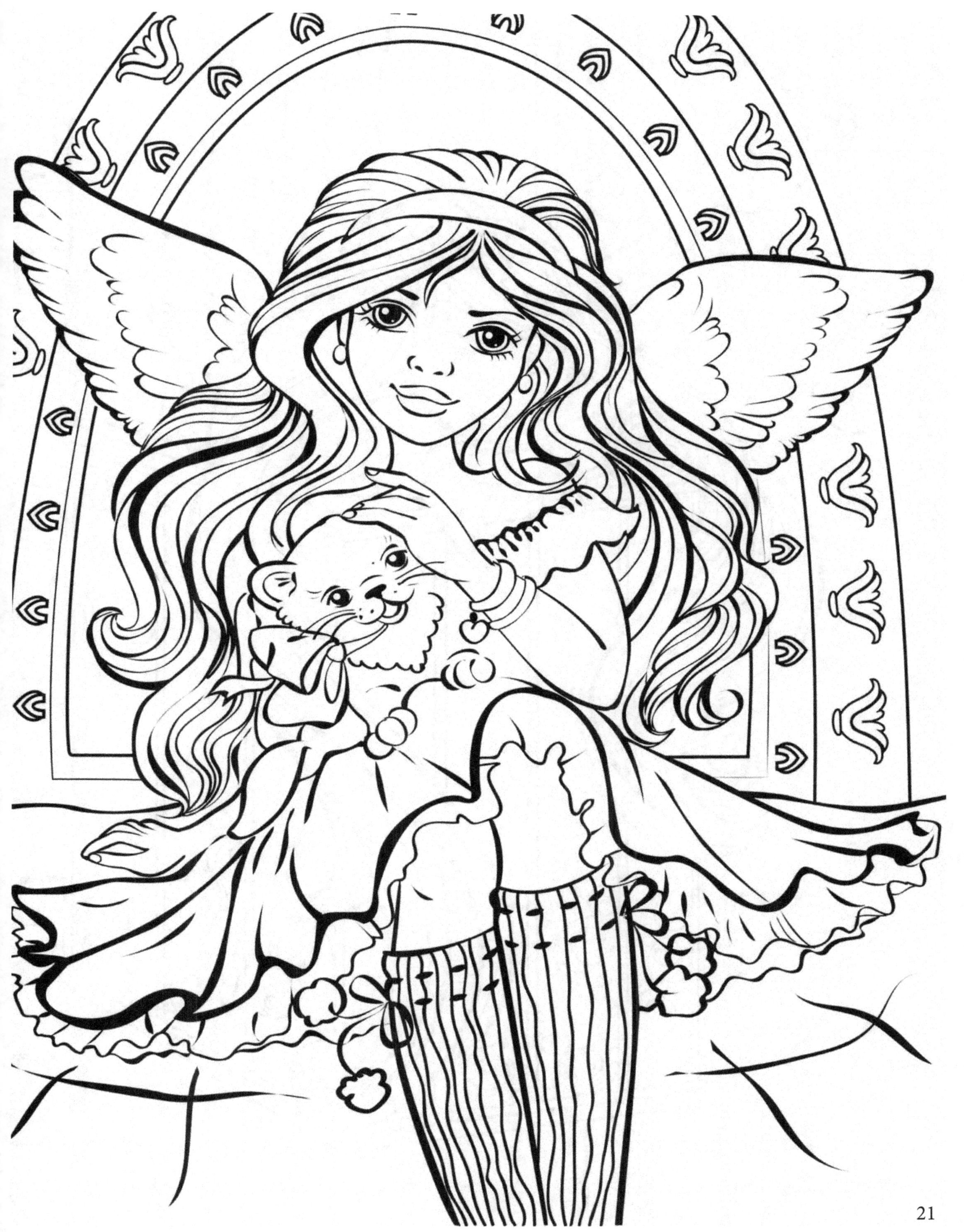

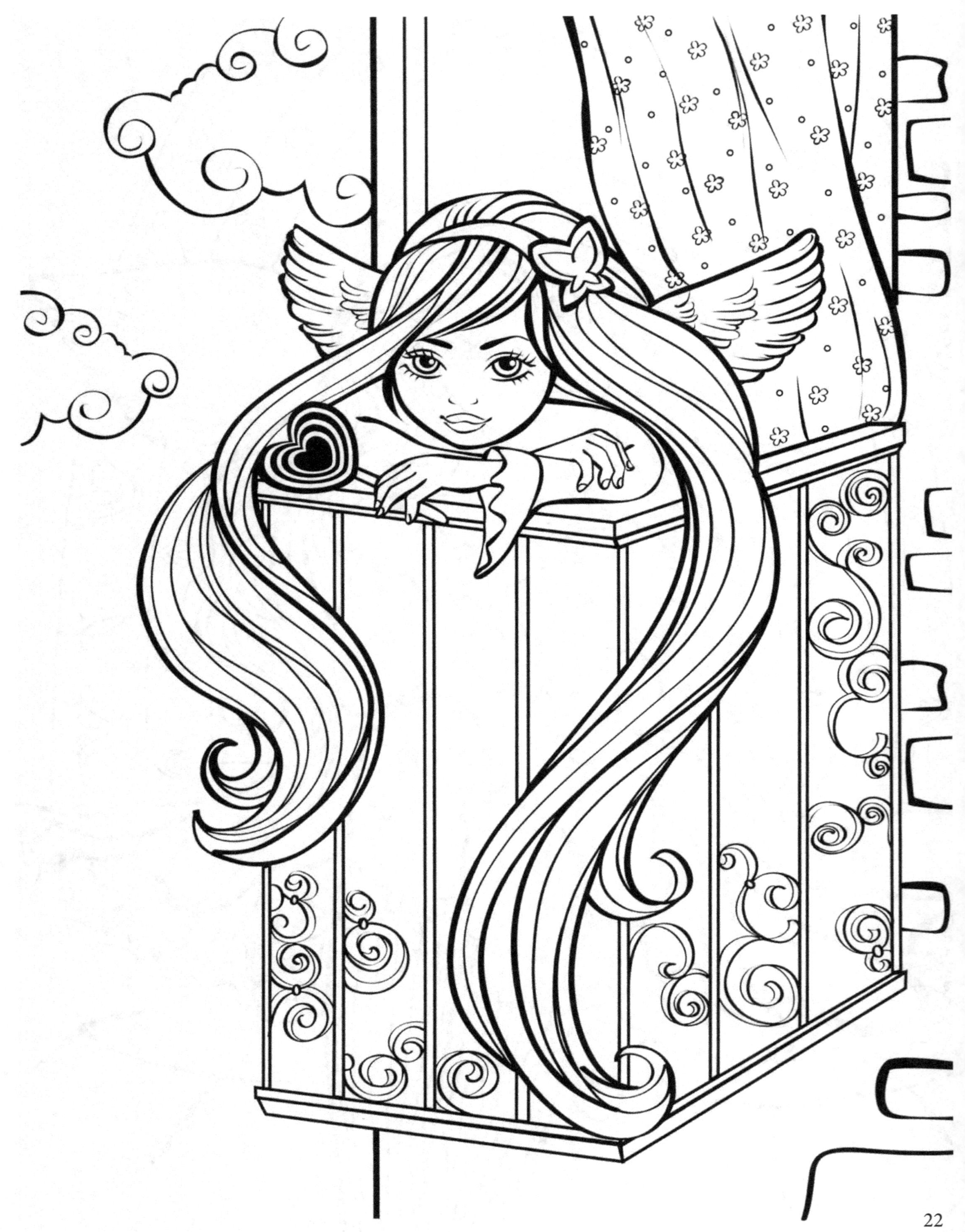

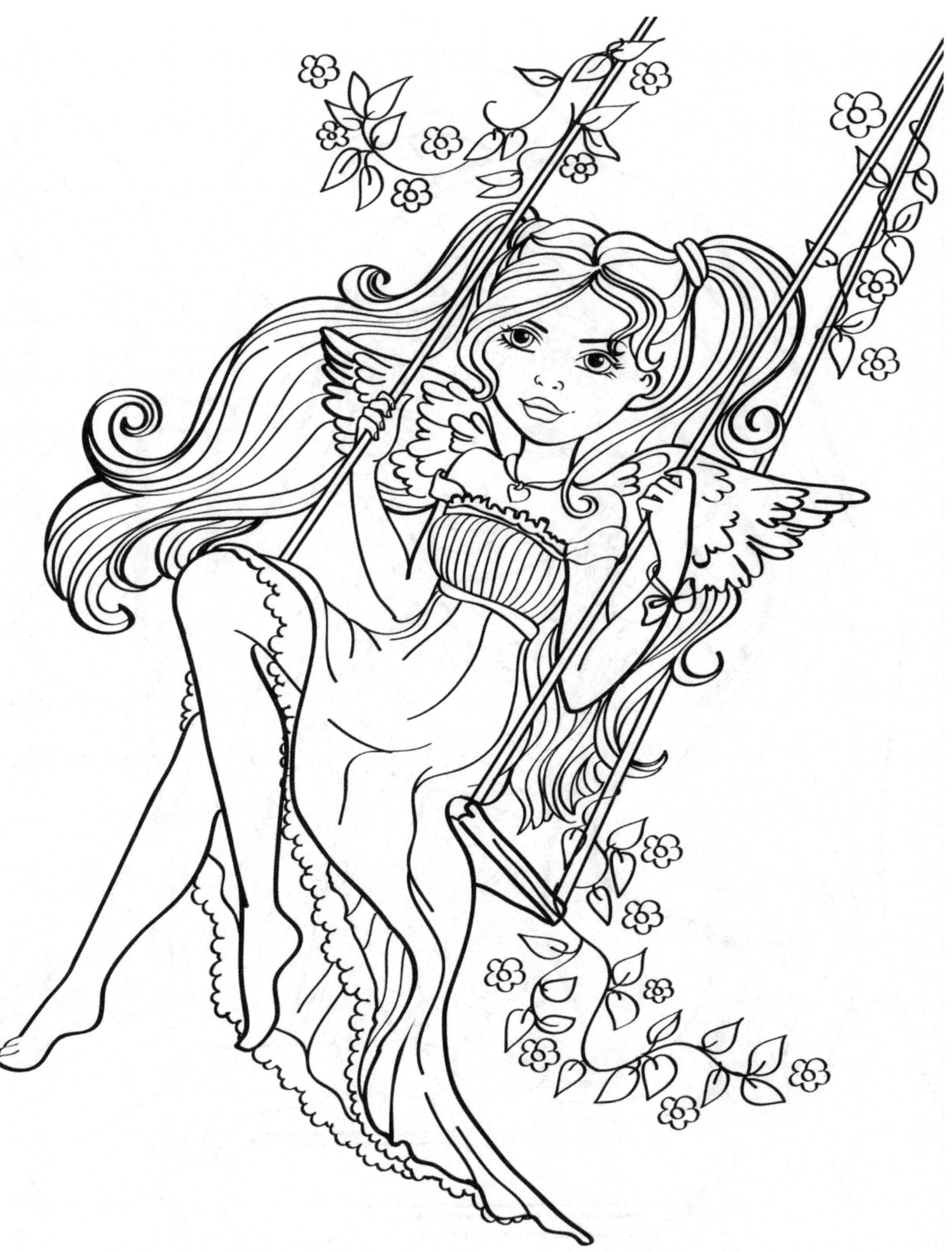

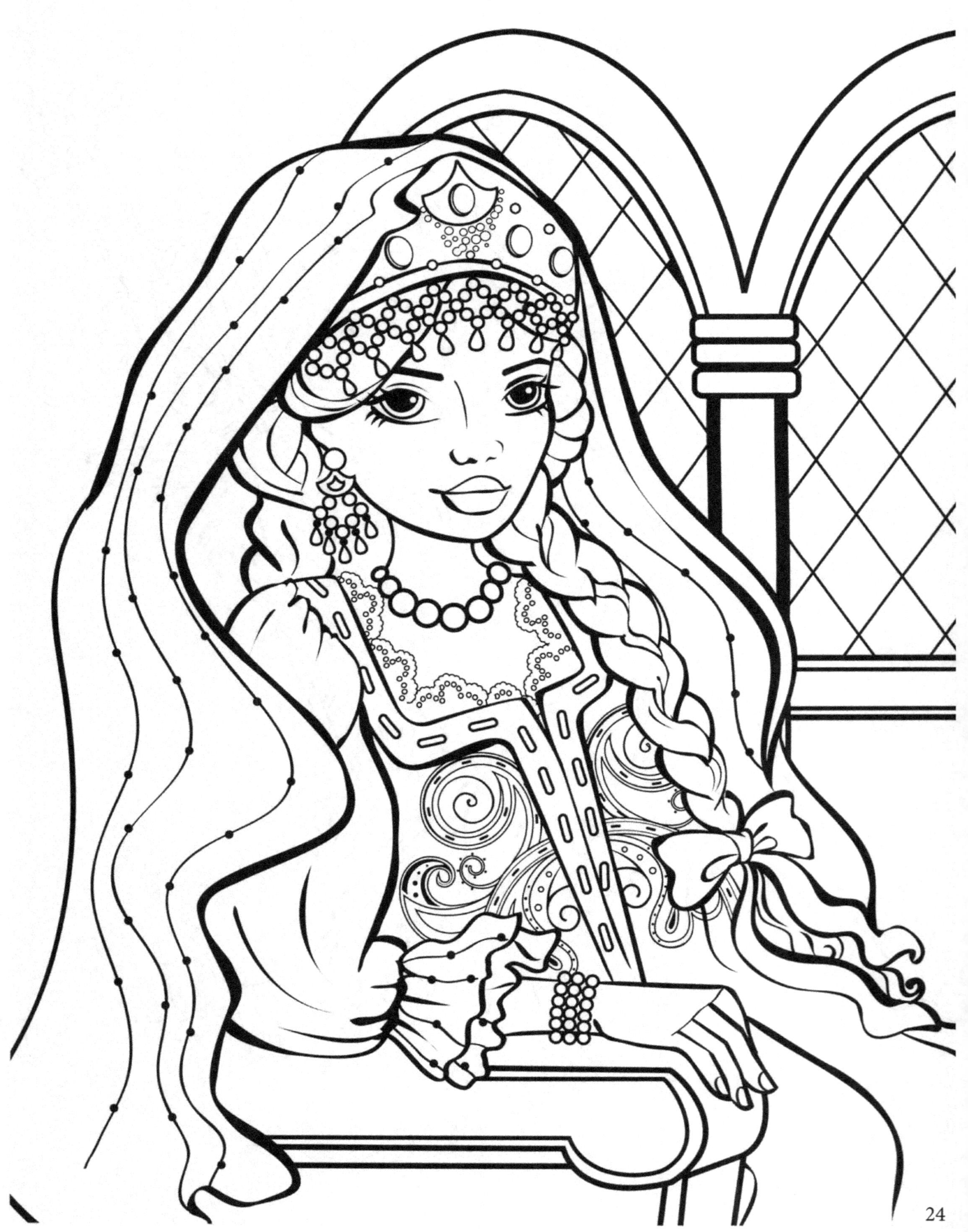

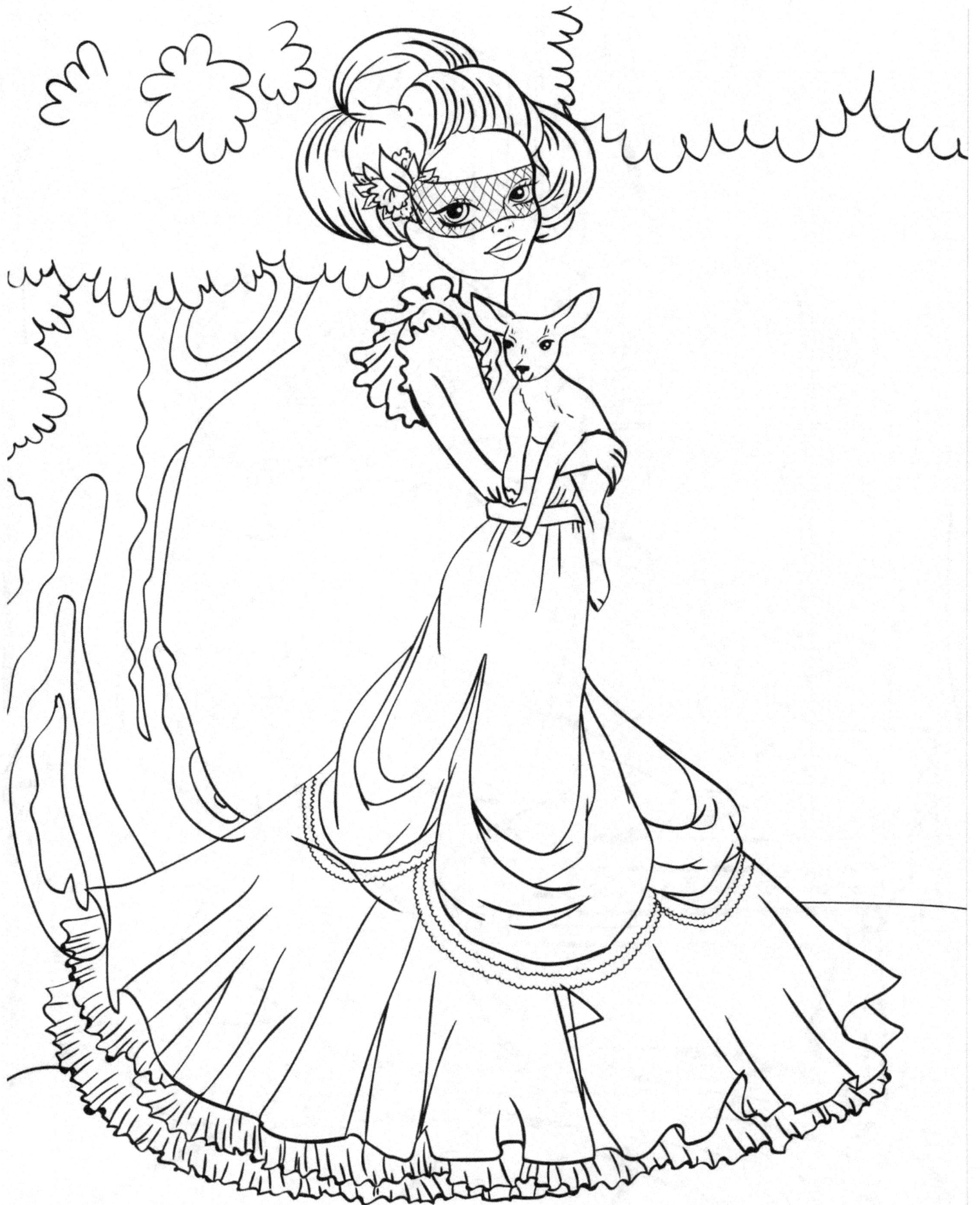

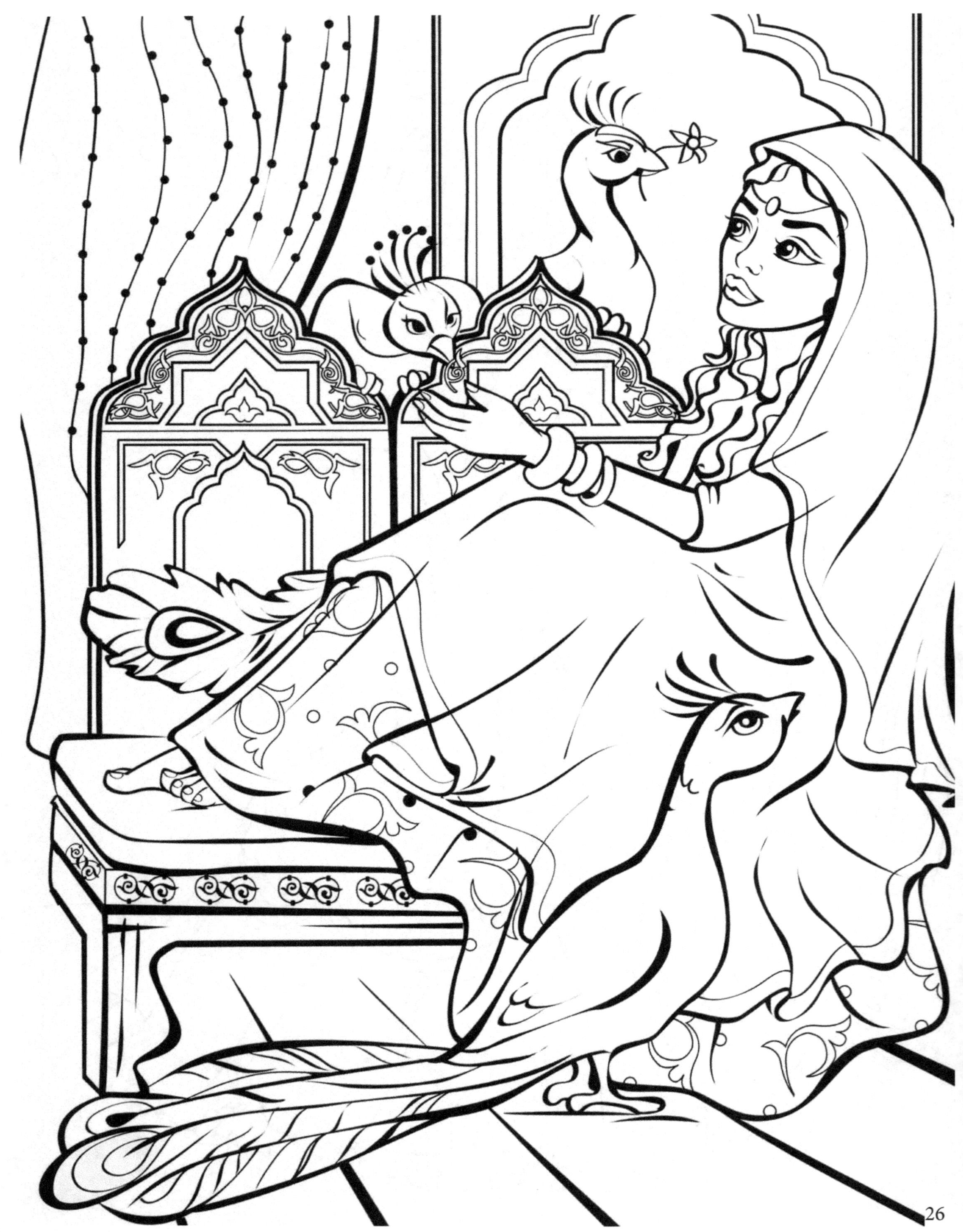

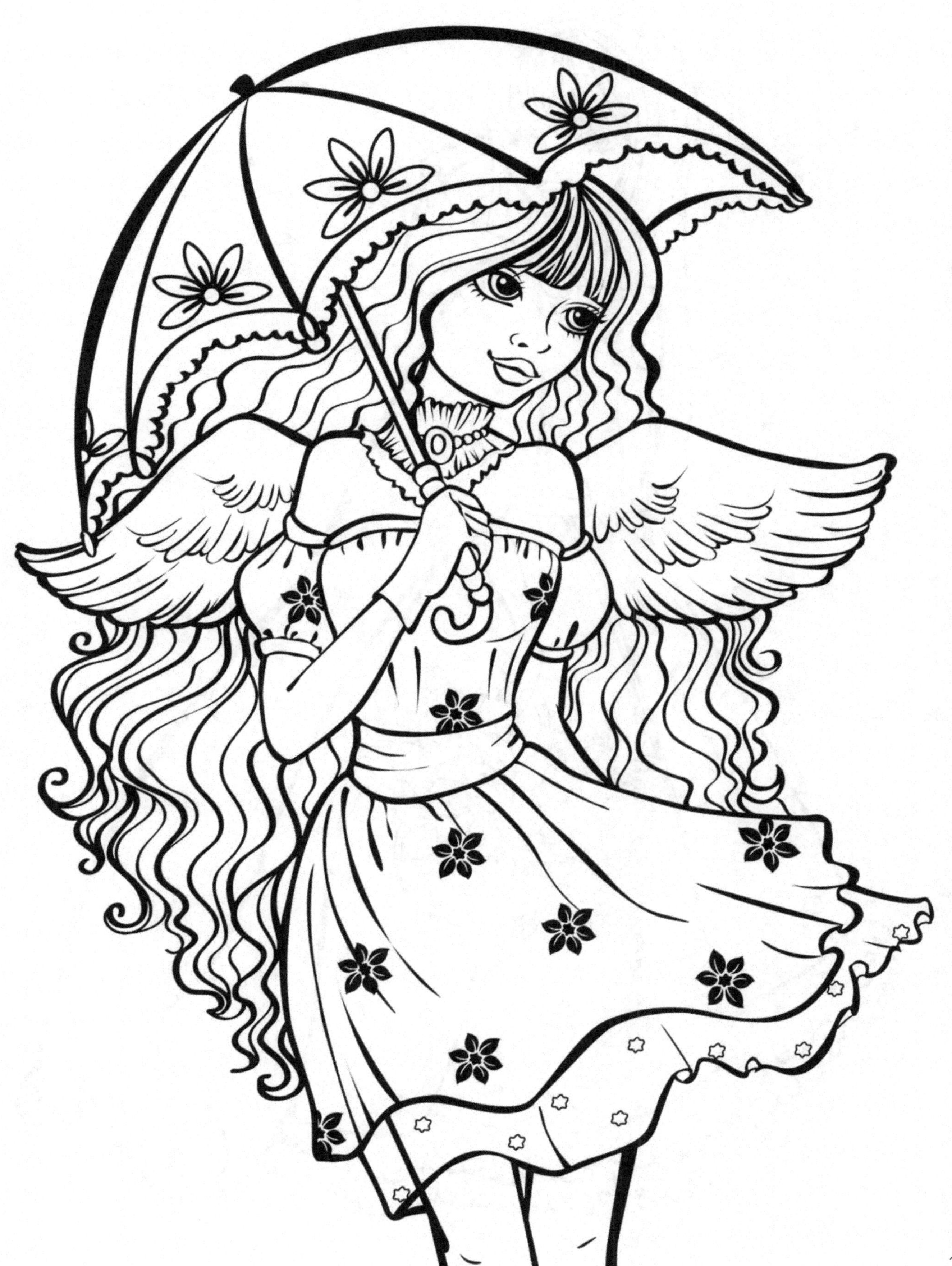

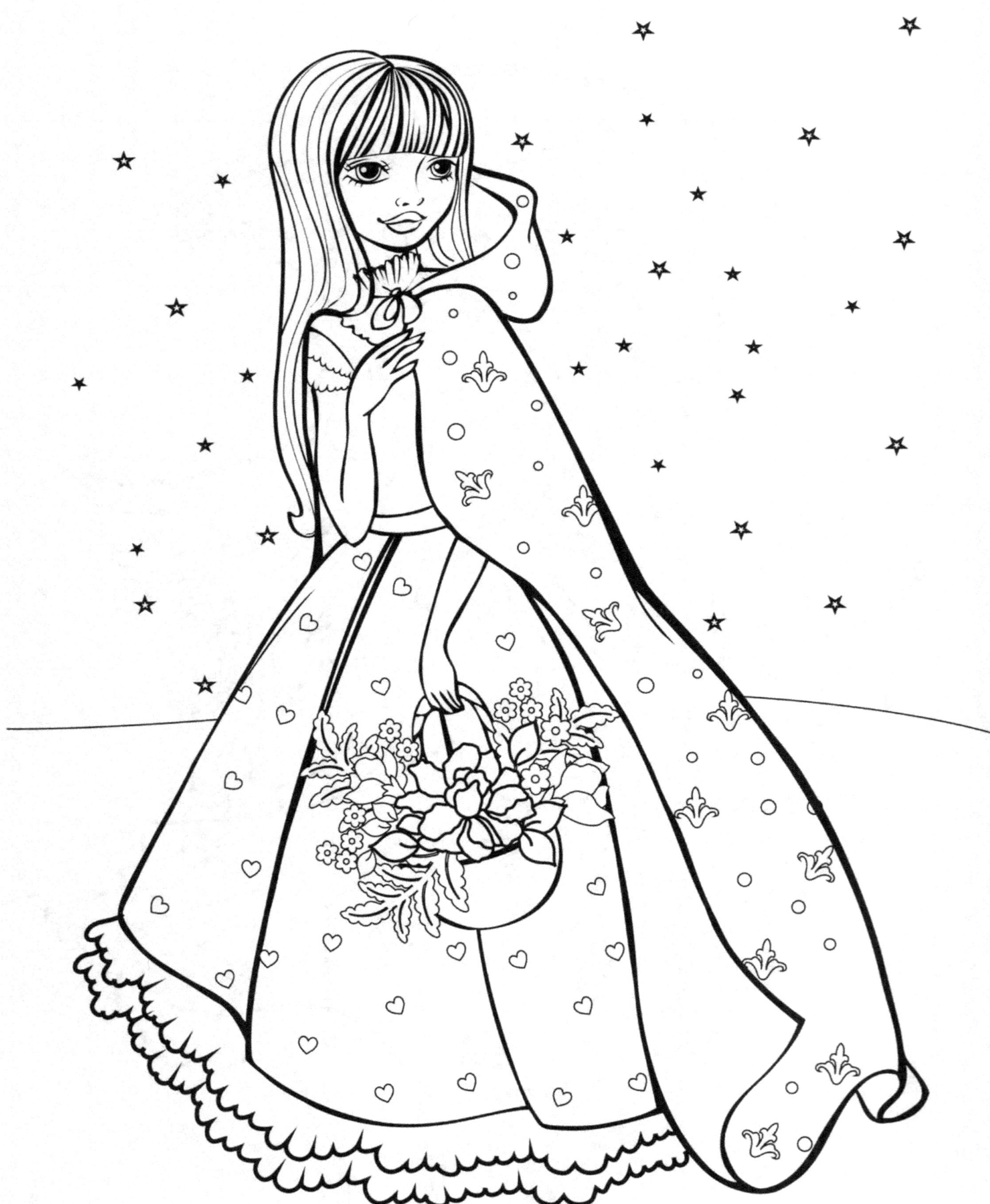

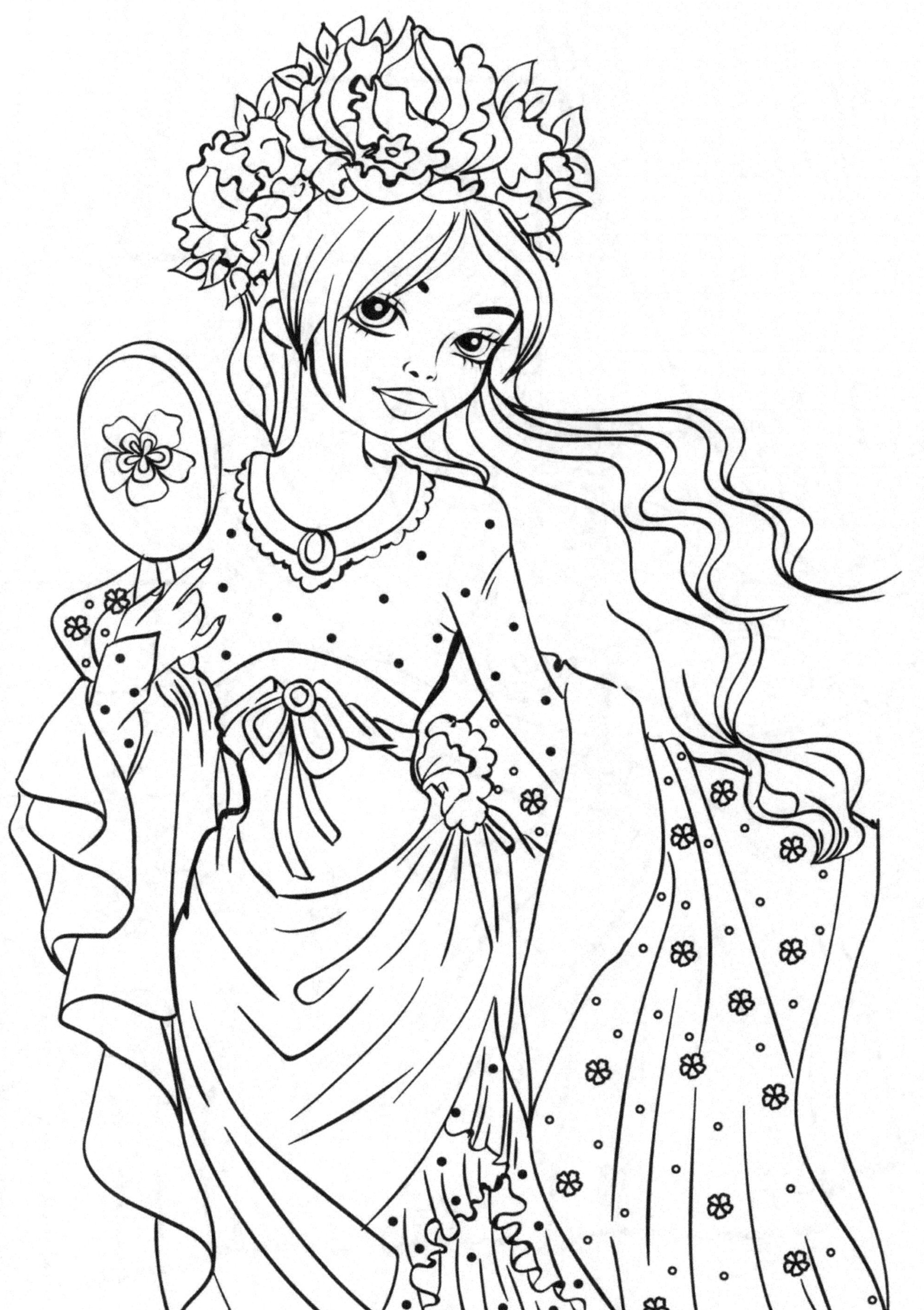

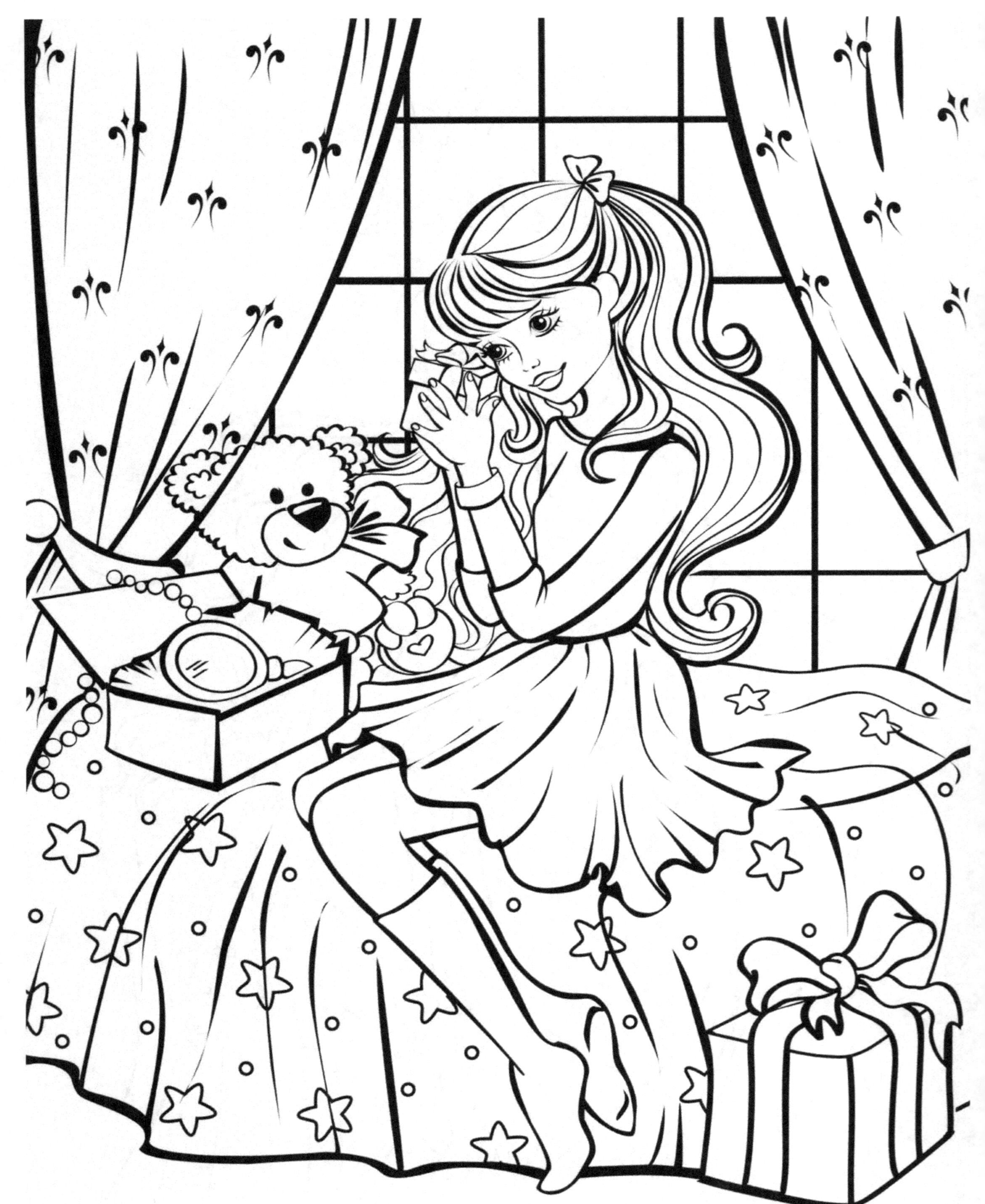

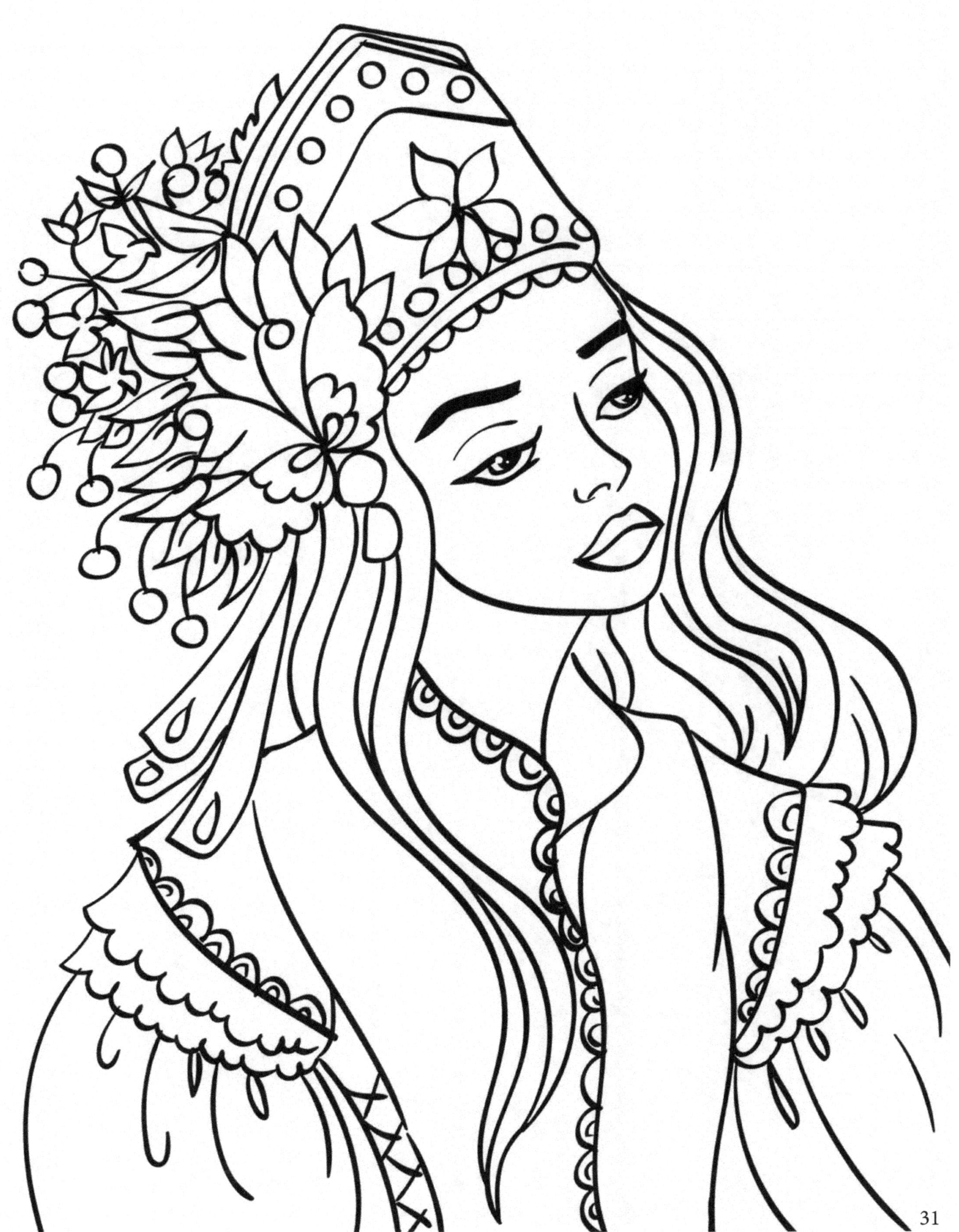